新德育理论探索与思考

xin de yu li lun tan suo yu si kao

卢慧婷 著

线装书局

图书在版编目（CIP）数据

新德育理论探索与思考 / 卢慧婷著 . —北京：线装书局，2024.1

ISBN 978-7-5120-4966-6

Ⅰ.①新… Ⅱ.①卢… Ⅲ.①德育—课程—教学研究—小学 Ⅳ.①G621

中国版本图书馆 CIP 数据核字（2022）第 031474 号

新德育理论探索与思考

著　　者：卢慧婷
责任编辑：林　菲
出版发行：线装书局
　　　　　地　　址：北京市丰台区方庄日月天地大厦 B 座 17 层（100078）
　　　　　电　　话：010-58077126（发行部）　010-58076938（总编室）
　　　　　网　　址：www.zgxzsj.com
经　　销：新华书店
印　　制：三河市龙大印装有限公司
开　　本：710mm×1000mm　1/16
印　　张：10.25
字　　数：163 千字
版　　次：2024 年 1 月第 1 版第 1 次印刷
印　　数：0001—3000 册

定　　价：46.00 元

线装书局官方微信

他山之石可以攻玉

——为卢老师书作序

　　受卢老师之托，为其大作作序。本人在国内外从事高等教育多年，虽然和卢老师算是教育同行，但是自觉才疏学浅，且领域差别甚大，故一再推脱。无奈臣服于卢老师博学多才和人格魅力，为其大作作序也算是为自己脸上贴金，甚是荣幸。

　　本人理解的德育的德有两层含义，即社会伦理道德和遵行正道之品德，因此道德和品德的育成，其宽度和广度自然包罗万象。实质上环保教育、安全教育和劳动教育等小学多学科教育本身就是德育的一部分，是德育在不同范畴的具体表现形式。德育和这些学科课程之间存在天然连接和融合，把小学其他思想品德相关的课程上好了，就是为《道德与法治》这个相对枯燥和抽象的课程打下了良好基础，后面学习时很多概念自然水到渠成，两者天然融合的特性注定彼此不应分割。本书首次提出这个融合的概念，对德育和其他有关课程融合的理念进行总结，并结合卢老师多年一线教学实践加以展现，将这个工作真正落到实处，相信对同行教师和读者都有一定的参考价值。

　　小学德育教育普遍存在的问题包括课本内容枯燥、教学形式单一、与学生生活脱离，特别是这些高深的大道理与小学生似乎相距甚远。如何能够让学生接受、喜爱和最终真正理解掌握德育课程内容，达到态度的改变？我相信解决这个问题的方法有很多，而本书创新性地将《道德与法治》的德育教育与小学课程中与学生品德和行为相关的课程进行融合，无疑是打开了解决问题的新视角和新方法，不失为解决目前小学德育所存在问题的一个有益探索。读者如果能够细细品读，也许顿悟之后能和作者产生共鸣，继而从本书中找寻到解决问题的部分答案。

学习的过程，总结起来有三个层次：一是通过课堂授课或者阅读等形式获取知识；二是将知识付诸实践，知行合一；三是经过不断的理性总结和批判性反思达到态度的改变，这样教育的目的才算是达到了。小学生的德育教育如果也能做到这三个步骤，那教育的目的和效果自然就达到了。本人十几年来一直从事大学书院教育。书院教育实际上是全人教育和博雅教育。理想的书院中，师生同食共宿，共建学术社区，形成紧密的师生关系和生生关系，最终达到生活即教育、教育即生活的理想境界。德育教育也是书院教育一个重要的内容。对于大学生而言，德育教育最大的困难在于大学生的思想和行为习惯基本上已经定型，他们都有自己的价值观，要让他们再次进行道德和品德教育，实在是非常困难。所幸书院具有全天候学习的先天条件，作为第二课堂，书院是学院第一课堂的有效补充，通过体验式学习让学生从获得德育教育知识开始，积极参与实践，经过不断自我反思达到态度的改变，从而提升自己的道德水平和品德修养。

我深知小学教育与大学教育的内容、角度、深度和广度等均相去甚远，但是我相信教师的教学方法、学生的学习方式应该有共通之处。他山之石，可以攻玉，我们不妨敞开思想，开放性讨论，探索出适合本校学生德育教育的有效方法。

梁青宁博士

2021 年 10 月 31 日凌晨于深圳

前　言

　　本书是一本新时代德育理论与小学各学科课程相融合、探索新德育理论的书籍。通过多年的一线教学工作经验，笔者整理出新德育与小学各学科相融合的课程以及德育与课题相融合的教学设计和论述。新德育与多学科课程的融合，能够切实增强德育课程的效果。本德育理论研究书籍有助于教师提高对新德育理论和课程的理解。本书切实增强德育课程与其他学科课程的融合性，让一线教师通过论著提高对德育课程与环保课程、德育课程与安全课程、德育课程与劳动课程相融合的认识。本书也是一本对新时代德育理论与课程及课题的实践论述。书中不但有最新的德育课程设计，还有介绍新时代互联网 2.0 教育教学与德育课程的最新融合与使用。

　　作为一名从事德育、语文、道法教育的工作者，过去近 25 年来我一直在观察着时代浪潮中小学生思想的变化。前不久，我萌生编辑这本书的念头，想以此记录我听到的、看到的、想到的一些教育故事和内容，一些让自己回头多看看的德育课程，一些让自己继续研究的德育课题。很多时候，我们在教育过程中会遇到很多问题和现象，教育是不断思考的过程，每个孩子的成长都有典型性，每个学期都遇到特殊个案，觉得是个典型案例，觉得是个值得记录的例子，又或者是一个让自己遗憾的一次教育。这时候，我就会把这些记录下来。不知不觉，已经积攒了这么多的文字。这些文字是我倾听学生的记录，是我一次研究的领悟，也是一名教师对具有鲜明时

代发展特色的班主任工作的一个记录。我也借此书鞭策自己，学无止境，教无止境，努力做好教育本职工作，做一名平凡的一名教师！

感谢梁青宁博士百忙中给本书写序言及提意见，感谢家人一直以来的鼓励和支持，感谢一群相知的好友一直关心本书的出版！感谢教育路上每一个遇见的学生和家长，感谢！

目 录
contents

新德育课程理论论述

——浅谈小学德育课程的创新之路

一直以来，小学德育的教学停留在教师讲、学生听的模式上。学生和教师都认为，小学德育教学离学生的生活太远了，小学德育教育难道只剩下"死记硬背"？否！创新，创新才能走出小学德育教育教学的新出路，创新才能把学生从"可有可无"中引回"生活实际"。创新的小学德育教学更是当前新时代德育教育最迫切的任务。

每一个领域的教育都承担着培养人才的重担，小学德育课程教育在日常学校教育中也占有重要的位置，也应该在理论和实际的教育教学中灌输创新的、符合新时代德育教育的要求，配合各学科的学习，努力提高学生的学科创新能力，从而把学生培养成真正的高素质的创新型人才。那到底应该怎样才能在新时代德育平台下，培养出具备创新能力的人才呢？笔者认为可以从以下几个方面开展工作。

一、教师的德育教育教学观念要创新

俗话说：有什么样的师傅，就教出什么样的徒弟。因此，要培养学生的创新能力，首先就应该要有具有创新观念的教师。

但实际上，目前仍然有个别教师还是比较"传统"的：在德育教育课程上仍然采取"重教轻学"的模式，总是把自己抬得高高在上，在课堂上为自己树立了无上权威，绝对不允许学生对自己的"圣言"有半点怀疑，所以无论是教师讲错了，还是学生听累了，学生都不敢有半点儿意见，只好"乖乖地"接受教师的"教诲"。学生长期在陈旧观念主导的德育教育教学课堂中学习，学生对教师的教诲只会唯唯诺诺听从，不会有任何异议，又怎能学会创新？

爱迪生、爱因斯坦等伟大的科学家并非天生就是天才，他们的成就也并非上天的赏赐。他们的成就是他们对传统知识质疑的成果，是对传统知识不断提出疑问的结果。所以，我们做教师的，要想培养学生的创新能力，就应该允许学生提出疑问，纠正过去德育教师高高在上讲道理的传统。对于他们的正确疑问，我们还应该采取积极的态度引导"问题"学生通过自

己的思考去寻找新的知识。老师可以引导学生通过央视新闻、报纸、央视网、新华网等途径获得新时代精神和新知识。

二、作为新时代的德育教师，德育课堂的授课方法要创新

以往班主任等德育教师在讲授知识和道理时，一般都只采取讲授法。讲授法是传统课堂教学中一种常见的教学方法，这种方法虽然可以充分发挥教师的主导作用，让学生可以沿着教师的教学思路进行学习，但却忽视了学生的主体作用，严重阻碍了学生自主思维的发展，严重地抑制了学生创新思维的形成。

那到底应该如何才能充分增强学生创新意识，培养创新思维能力呢？我认为可以这样做：班主任要把"讲"的权力下放给学生，教师只负责问，在提出问题后放手让学生经过充分的思考再回答问题，在教师的正确引导下畅所欲言，对学生的回答加以点拨，从而激活学生的创新思维。

如在上党建课的时候，老师通常都会在课堂上给学生灌输"党的知识"，但是我们其实也可以引导学生讨论问题，如，为什么要在嘉兴南湖的红船上举行党的第一次代表大会？让学生通过多种途径收集资料，或者和父母、爷爷奶奶或者老一辈革命者一起讨论，增长知识见闻。

当然，在提问问题的时候，我们班主任或者德育课程教师还要对提问的方法进行创新。一味简单地问"是不是"或"对不对"或者总是问学生"明白了吗"，很难达到培养创新思维的效果。那我们应该怎样做呢？我认为在提问问题时应注意以下几个技巧：第一，创设难度适中的问题。问题太难，学生根本就无从下"脑"，无从思考，问了等于白问；问题太简单，学生答对了也没有多少成就感，自然就失去了思考的兴趣。第二，提问问题时要具有启发性，提问的目的是通过给学生一点启示，引导学生自己去摸索、去思考，从而能自己找出"答案"。第三，提问问题要有针对性，不要什么问题都要问，提问题要一针见血，以达到最佳的教学效果。

三、班主任或思政教师授课技术要创新，不能停留在过去德育课堂只是"讲道理"的模式

传统的德育课堂里的道理或者理论对于部分学生而言是比较枯燥无味的，学生对它甚至有一种"食之无味，弃之可惜"的感觉，因而常常对德育课中的班会课、道法课、队会课提不起兴趣。学生连学习兴趣都没有，哪里还会去深入思考，开发创新思维？

因此，这就要求教师在讲授德育观念时，要将知识理论形象化、具体化、简单化、通俗化，并将理论与实践相结合，做到理论结合实际。例如，把时事引入课堂，对国内外的时政要闻特别是本地区的重大热点、焦点问题进行分析，多角度、有侧重地进行评价。由于是身边事，大家都比较熟悉，也比较关心，所以能调动学生的学习兴趣，由此激发创新意识和培养创新能力。

四、德育课堂中的活动开展模式要创新

活动是强化教学内容的重要手段，是知识和道理转化为能力的契机，也是提高学生运用知识能力的手段和检验学生是否明白道理的重要途径。而德育课堂中的活动形式和质量如何，是直来直去、枯燥无味；还是情切意深、新颖有趣，将直接影响学生的学习兴趣和思考问题的积极性。如果一个学生对问题都没有兴趣的话，那么又怎会真正用心地去思考问题？因而教师在设计课堂活动模式时应注意创新：采用新型的题型。如漫画分析、案例分析、社会调查、社会观察、访问、社会热点问题访谈等方式。这样可以让学生亲自感受具体而丰富的社会生活，不仅可以激发他们强烈的好奇心和求知欲，而且可以通过他们自己动手、动脑的行为，寻找一些新的方法解决问题，从而真正培养他们的创新意识和能力。

五、德育课堂的课后作业也要创新

很多班主任或者《道德与法治》教师、队会课教师、班会课教师在设计德育课程的时候，往往会忽略课后作业，缺乏对课程的知识和道理的检验和课后的延伸。因此在新时代环境下，对德育课堂前所未有的重视的今天，我们也要在德育课堂后设计课后作业，对课堂的知识和道理进行课后的延伸。

首先，在课堂中，老师在指导学生解答问题的时候，要鼓励学生敢于摆脱过去的定式思维，摆脱在家庭教育、社会活动、学校生活中所形成的固有思维模式、陈旧的思想观念。要求学生独立思考、大胆质疑和大胆求异，这样才能真正培养学生的创新能力和创新思维，才能形成符合新时代、新少先队员所要求的新思维模式以及正确的世界观、道德观和人生观。

其次，德育课程的设计具有难、旧的特点，"难"是指道理难讲懂，"旧"是指老师为了方便，往往都用旧的教案，几年来都用一样的 PPT 和教学设计。这样难以引起学生上课的兴趣，更难以培养学生的创新能力。

在教学过程中，无论是上新课，还是活动练习中讲明道理，德育教师都不应该制定统一的所谓的"标准答案"而严格规定学生只能按照这个标准答案进行作答。因为这样只会剥夺了学生思考的权利，学生只会跟着老师的思路去记忆道理和完成活动等，学生不会主动养成创新的思维。

我们应该容许学生提出自己的想法和观点，只要其能够符合道德、法治标准，引导学生形成正确的观点和思考方法，不偏激；课后作业的答案也不应该只局限于课本的知识，而应该鼓励学生敢于求异，大胆提出与书本和教师不同的观点，在非原则的问题上允许学生说错做错，允许改正错误，允许学生保留自己的意见和看法。

只有在教师的创新教学熏陶下，学生才能积极地思考问题，敢于提出自己的主张和建议，在这样的学习过程中慢慢地形成创新意识和创新能力。

第二辑

新德育与《道德与法治》课程的融合

第一节　我心中的"110"

依据《义务教育品德与社会课程标准（2011年版）》中"我的健康成长"中的第6条：体会生命来之不易。知道应该爱护自己的身体和健康。知道日常生活中有关安全的常识，有安全意识和基本的自护自救能力。

本课是人教版《道德与法治》三年级上册第三单元安全教育主题下的第三课。本课是在承接前面两课帮助学生树立安全意识、学习自救自护的内容基础上的深化，旨在从人际安全方面，引导学生思考在生活中如何正确认识和对待陌生人。本课由两个板块组成。第一个板块的话题是"有点警惕性"，通过创设独自在家有人来敲门的情境以及《智捉小偷》的案例，重在提高学生日常生活中的警惕性。第二个板块的话题是"不要上当受骗"，通过吴华被骗的故事，重在引导学生不轻信陌生人，提高警惕；通过辨析几种情境，引导学生思考如何对待陌生人，从而提高意外发生时的自救自护能力。

三年级是小学生知识、能力、情感价值观形成的关键时期，他们对自我、他人、家庭、社会有了一些浅显的认识，随着他们社会生活范围的不断扩大，接触的人员更为复杂，处在各种各样未知的环境当中，对周遭危险的认识不足，自我保护能力弱，容易受到来自外界的人身侵害。现实社会中，儿童受到不法分子侵害的案件屡有发生，如，拐骗、绑架、勒索、性侵等，一旦发生，对儿童和家庭会造成很大的伤害。因此，非常有必要对这个年龄段的孩子进行这方面的安全教育，帮助他们有效识别人际交往中的骗术，防盗、防骗、防拐、防性侵，做到爱护自己的身

体和生命。

可以安排多种活动以让学生树立安全意识，意识到社会的复杂性，初步建立人际安全防范意识，能预防拐骗、盗窃、性侵。同时提高分辨能力，在人际交往中懂得自我保护，学习基本的自救自护方法。在活动中重点识别潜藏在人际交往中的危险，懂得如何应对拐骗、盗窃、性侵等危险情况。还要学会遇到危险时的自救自护方法。

活动过程

活动一　平安珠海

1. 出示凤凰小学开展活动时学生开心的照片。

2. 投票：你觉得在凤凰小学读书幸福、平安吗？

3. 学生进行投票：认为幸福、平安的按 1，认为不安全的按 2。

4. 挑人回答。

活动二　平平安安上学去

1. 师说：同学们，要做个幸福、平安的珠海人，我们就要平平安安上学去（贴标题）。只有心中有 110，时刻提高警惕，才能平平安安上学去。

2. 大屏幕出示：这是我们凤凰小学的学区地图，我想问问同学们来自哪个小区？

（老师推送，学生小组讨论）在平板上标记。

3. 小组展示，和 PPT 进行对比。

师说：从你们的回答中老师了解到，我们班的同学来自这几个小区（PPT），华发四季、诚丰怡园、公安村、金地伊顿山、水墨兰亭、大学教师楼等，那好，现在请同学们根据自己居住的小区进行分组活动。

4. 学生根据自己居住的小区找位子并分组。

师说：同学们看看，每个小组的面前都有一张地图，这张地图和你们息息相关，它记录了从你们小区到凤凰小学的路程。现在每个小组的同学都认真观察，并回想一下自己是怎样上学的，在上学的过程中，你有哪些地方要特别注意，才能做到"平平安安上学去"？

学生小组讨论，老师指导观察。

5.学生请代表上台发言，老师把 PPT 调整到小组相应的小区，并及时标注。

6.教师发言：老师感到很欣慰，从一年级到中年级，我们班的孩子因为心中有 110，所以都能平平安安来上学。你们知道吗？卢老师其实很关注你们放学的情况，希望你们平安来上学的同时，也能"平平安安回家去"。PPT 展示。

活动三 平平安安回家去

（一）看课件图片（播放学校放学托管队伍和学生自己回家的照片），凤凰小学的学生和其他学校的学生在放学方面有点不一样，凤凰小学的学生放学后大部分都是去托管的，只有很少一部分同学是自己回家或者家长接回家的，那么放学又有什么需要注意的呢？

1.投票。中午放学情况统计：自己回家的按1，回校外托管的按2，学校午托的按3。

2.抽人回答。

3.统计图。

（二）辨析题，请同学们讨论一下，下面这几位同学放学后的行为对不对？（老师进行推送）

1.小明、小泓、小彩中午放学是去某某托管的，这天，他们没有和托管老师打声招呼就自己去文具店买文具了。

2.小婷、小袁、小红住在同一个小区，本来放学都是一起走的。不料有一天，小婷对小袁说，我们放学不要和小红一起走，让她自己走。小婷这样的行为对吗？

3.小鸣、小颖、小思放学后都是一起拼车回家的，由三位家长轮流接送，这天小鸣放学想和同学玩，没有和小颖、小思打招呼，就自己走回家了！

4.小豪每天放学都在门卫室等妈妈来接他，即使妈妈因为工作晚点来接他，他也不在学校乱走。

5.小晋每天中午都要去托管休息，她每天一放学就自觉走到托管的队伍，跟着托管的老师回到托管。

（每个小组挑人回答）师小结：同学们真棒！

活动四　平平安安在家中

1.师说：孩子们，你们每天都平平安安地回家！家是安全的港湾，我们也要有所警惕，心中也要有"110"。

2.角色扮演，（我一个人在家）情景模拟：师（走到门边）说：今天我一个人在家真开心，但是我也有一点害怕，怕有坏人来我家。

师问："哪个同学来考考老师呢？"挑选一位同学扮演陌生人敲门，老师坚决不开门。一边摇头一边说，不开不开我不开！

角色转变：师说：看老师多聪明，没有给陌生人开门，现在轮到老师来考考你们，现在哪位同学一个人在家呀？

老师分别扮演快递员、外卖员看看同学们能不能经受住考验。结果同学们都能经受考验，没有给陌生人开门。

这时候卢老师说："您好，我是卢老师。"学生高高兴兴地开门了，原来卢老师要对学生进行家访呢。师说："同学们，见到陌生人，你们能够做到坚决不开门，那么熟悉的人呢，你们会开门吗？"

学生进行小组讨论。学生代表发言，教师引出："是的，不管在何时何地，不管是对陌生人还是熟悉的人，我们还是要保持着一定的警惕，特别是小女孩，对熟悉的男性也不能失去警惕，因为容易造成不可挽回的后果。"

活动五　平平安安兴趣班

1.师说：从周一到周五大家都平平安安上学了，那么到了周末，你们又怎么安排时间呢？

2.说说你有多少个兴趣班？全班只有付立桐周末没有兴趣班。所以，去上兴趣班也是你们日常生活的一个重要内容，如何才能上兴趣班也平平安安呢？

3.调查统计：你有多少个兴趣班？

老师这里有一个百宝箱，里面有很多东西，（老师展示里面有什么东西）在这个百宝箱里有我们上兴趣班的"平安三宝"，请每个小组从百宝箱里找出我们去上兴趣班用的"平安宝贝"。

　　学生小组活动

　　学生发言，他们确定的"平安宝贝"：电话手表、挂牌（挂牌上要填写什么，并说出理由）。

　　师总结：有了平安宝贝，你们自己去上兴趣班家长也放心了！那么到了假期，家长也会给你们报名参加你们喜欢的有益身心的兴趣班。

　　活动六　平平安安放暑假

　　说到假期，很快我们就放暑假了！学生一起回答："还有一个月就放暑假了。"

　　师说：暑假快要到了，也是卢老师最担心的时候，因为在两个月的假期里，老师希望每个孩子都能平平安安地过假期（贴标题），老师觉得最高兴的是从一年级到三年级，同学们在假期里都能平平安安，没有安全事故发生！这都是因为我们从多种途径接受了多样的安全教育，现在卢老师问问大家，学校在每学年都有哪些安全教育？（小组合作，填在表格上）PPT展示多张班级进行安全教育专题活动的照片。

　　学生代表发言：我们在学校有这些安全教育：防溺水、交通安全、家居安全等安全教育。

　　总结活动：是啊，正是因为学校、家庭、社区通过多种途径给孩子们进行多样安全教育，我们才能平平安安上学、回家、上兴趣班，安全地过暑假。

第二节　团团圆圆过中秋

可以安排实践活动。了解中秋节的一些传说与由来，了解中秋节的风俗习惯，知道身边的人是怎样过中秋节的，热爱祖国的传统节日。了解有关月饼的一些知识，提升生活经验，拓展视野。了解有关中秋节的诗，学会写祝福卡。在活动中重点注意：知道中秋节是我国的传统节日，了解中秋节的传说，还要了解中秋节的风俗习惯和有关中秋节的诗词，学写祝福卡，提升学生的生活经验。

活动准备

1.收集关于中秋节的传说。

2.回想中秋节时，大街上、商店里中秋的节日气氛，并专门收集关于月饼的信息。

3.课件、五角星祝福卡、月亮道具。

一、活动导入

今天老师给大家带来了一个朋友，大家一定认识她吧？（知心大姐姐出场）

知心大姐姐说：大家好，我是曾老师，小朋友都认识我吧，今天曾老师可是第一次和卢老师给大家上课哦！每年农历八月十五日，（幻灯片）这一天晚上的月亮姐姐的脸笑得特别圆，所以我们是团团圆圆过中秋。（出示课题，幻灯片）月亮姐姐还托我给大家带来了一些礼物，把它装在信封里，

（展示小礼物）放在每个小组，如果你在这节课表现特别突出的话，就可以从信封里得到一个月亮姐姐送的礼物。大家说好不好？

现在我们一起来举行一个"团团圆圆过中秋"的话题会。

二、新授课

活动一　七嘴八舌话中秋

话题一：什么时候是中秋节

老师：刚才小朋友们都说喜欢过中秋节，你们谁知道中秋节是什么时候呢？

学生完成平板上的题目：请你把我国传统的节日和时间连起来。

中秋节（八月十五）　重阳节（九月初九）　新年（大年初一）

元宵节（正月十五）

师小结：每年农历八月十五，是我国传统的中秋佳节。这时是一年秋季的中期，所以被称为中秋。这也是我国仅次于春节的第二大传统节日，中秋又称"团圆节"。

话题二：中秋节的由来

1. 你们知道中秋节有什么由来吗？它还有一个美丽的传说呢，请大家听曾老师讲讲《嫦娥奔月》的故事。

知心大姐姐讲故事——中秋节的传说：《嫦娥奔月》（卢老师在旁边放幻灯片）

提问：这个故事里讲的是关于谁的故事？你喜欢嫦娥和后羿吗？为什么？

2. 学生补充：从课外了解到关于中秋节的故事——从《嫦娥奔月》这个传说我们知道了后羿和嫦娥是一对多么善良、勤劳的夫妻呀，大家都非常喜欢他们。所以，现在人们在中秋节利用各种各样的形式来庆贺美好的生活或祝远方的朋友、亲人健康快乐，和家人"千里共婵娟"。你们想知道中秋节有哪些风俗习惯吗？我们一起来看看中秋节的风俗习惯吧。（学生在平板电脑上观看有关中秋节风俗的短片，并在小组内交流）

话题三：我家的中秋节

卢老师说：刚才大家从平板电脑里看了我们国家的其他小朋友怎么过

中秋节，那么现在我们一起来讨论一下，你们打算这个中秋节怎么过啊？

1. 小组讨论：你家是怎么过中秋节的？请你说给小组的同学听。

2. 小组交流。

3. 请小组长反馈。

出示课件——中秋节的祝福：月圆人圆事事圆。

从各小组的回答中老师知道大家打算在接下来的中秋节时怎么过。

活动二　月饼的文化

从大家刚才的怎样过中秋节的回答中，老师知道有一样东西一定少不了，就是月饼（一起回答），是啊，从小，每年到了中秋节，卢老师的爷爷也会和我一起唱着中秋节的歌《爷爷为我打月饼》，一起过中秋节。

1. 关于月饼的歌。

出示课件——中秋节的歌《爷爷为我打月饼》。

（1）一起听一听，唱一唱。

（2）你从这首歌中体会到了什么？（老少团圆，共度中秋的快乐）

2. 品尝月饼小知识。

小朋友说说自己所知道的月饼。从种类、味道等方面去说（果仁、蛋黄、豆沙、火腿、蜜桃、虾仁、杏仁等）。

3. 月饼安全吃。

我想，大家听了刚才的介绍，欣赏过月饼图片，一定很想吃了吧？不过吃月饼也是有学问的。今天我还带来了一些品尝月饼的小知识，你看你是不是这样吃的，如果不是，以后吃月饼的时候就要注意了。现在将它展示给大家。请大家一起读一读。

（课件展示：品尝月饼小知识）

先吃咸后吃甜。

品尝月饼伴茶水。

吃月饼要适量。

要吃新鲜月饼。

4.团团圆圆吃月饼。

实物展示月饼，学生拿出家里带的月饼，老师拿出塑胶刀，一起分享，并提醒学生拿给在场听课的嘉宾老师试吃（月饼在实物投影仪下，学生和老师一起切，老师还要预先准备好小碟子）。

活动三　平平安安过节

卢老师谈话引申：月饼好吃吧！大家期待中秋节能赶快到来。但是要团团圆圆过个快乐的中秋节，有一样东西我们不能忽略，就是平安（幻灯片出示：平平安安过节），我们的国庆中秋假期有八天，那么要想开开心心过好这八天假期，使卢老师放心，我们八天在家要注意哪些方面的安全？

小组讨论，然后回答。

三、总结延伸

1.通过这节课的学习，你有什么收获？

2.小朋友们，相信通过这节课的学习，大家一定学到了不少关于中秋节的新知识，也一定更喜欢我们中国的传统节日——中秋节了吧！

3.中秋节快要到了，希望你们能将今天所学的知识告诉家人，与家人一起分享，然后，再向他们了解一些关于月亮的知识、传说等，下节课我们再一起探索月亮的秘密，好吗？今天的课就上到这里，谢谢大家！

附件：《嫦娥奔月》故事

相传，远古时天上出现了十个太阳，烤得大地直冒烟，海水枯干，老百姓眼看无法再生活下去。这件事惊动了一个名叫后羿的英雄，他登上昆仑山顶，运足神力，拉开神弓，一口气射下九个太阳。因此，后羿受到百姓的尊敬和爱戴，不少志士慕名前来投师学艺。奸诈刁钻、心术不正的逄蒙也混了进来。不久，后羿娶了个美丽善良的妻子，名叫嫦娥。后羿除传艺狩猎外终日和妻子在一起，人们都羡慕这对郎才女貌的恩爱夫妻。一天，后羿到昆仑山访友求道，巧遇由此经过的王母娘娘，便向王母求得一包不死药。据说，服下此药，能即刻升天成仙。然而，后羿舍不得撇下妻子，不愿服药后独自升天，就把不死药交给嫦娥珍藏。嫦娥将药藏进梳妆台的百宝匣里，不料被逢蒙看到了。三天后，后羿率众徒外出狩猎，心怀鬼胎的逢蒙假装生病，留了下来。待后羿率众人走后不久，逢蒙手持宝剑闯入内宅后院，威逼嫦娥交出不死药。嫦娥知道自己不是逢蒙的对手，危急之时她当机立断，转身打开百宝匣，拿出不死药一口吞了下去。嫦娥吞下药后，身子立时飘离地面、冲出窗口，向天上飞去。由于嫦娥牵挂着丈夫，便飞落到离人间最近的月亮上成了仙。傍晚，后羿回到家，侍女们哭诉了白天发生的事。后羿既惊又怒，抽剑去杀恶徒，逢蒙早逃走了，气得后羿捶胸顿足哇哇大叫。悲恸欲绝的后羿，仰望着夜空呼唤爱妻的名字。这时他惊奇地发现，今天的月亮格外皎洁明亮，而且有个晃动的身影酷似嫦娥。后羿急忙派人到嫦娥喜爱的后花园里，摆上香案，放上她平时最爱吃的蜜食鲜果，遥祭在月宫里眷恋着自己的嫦娥。百姓们闻知嫦娥奔月成仙的消息后，纷纷在月下摆设香案，向善良的嫦娥祈求吉祥平安。从此，中秋节拜月的风俗在民间传开了。

德育课程与劳动
教育课程的融合

新时代德育教育，离不开劳动技能的养成教育。实行"双减"政策的新时代教育，给德育提供了一个新的教育平台。新德育离不开劳动技能教育的养成教育。在过去的德育教育理论实践中，我们更多地把德育归结到讲道理和举例子，今天，在新时代新教育的伟大旗帜下，德育的本质回归到劳动人民最初的养成教育。劳动人民爱劳动，劳动人民会劳动，劳动人民能劳动。我们必须增强全面贯彻党的教育方针、抓好新时代劳动教育的紧迫感、责任感。

第一节　激发学生劳动教育潜能
做好中高年级劳动教育衔接

——浅析小学中高年级德育劳动提升技巧

　　劳动是高年级小学教育重要的一项技能教育课程。随着新时代教育的发展，学生从三年级开始加强劳动技能教育，劳动教师就要做好中高年级的劳动衔接，激发学生劳动潜能。

一、当前我国城区中高年级学生劳动现状分析

（一）劳动知识启蒙较晚

　　由于早期对劳动教育的忽略或者说不够重视，我国城区小学劳动技能启蒙较晚，孩子较晚接触家务劳动等劳动基础知识，特别是一线、二线城市的孩子，从小学开始，家里和学校才注重劳动的启蒙。城区小学的劳动知识技能开发较晚。

　　1.城区小学的中、高年级孩子应多渠道开拓学习劳动知识技能的方法

　　劳动时间不足，孩子较少学习劳动基础知识，如在一年级就能通过多种方法参加家务劳动。一年级下学期就能开始进行独立家务劳动的练习。

2. 新版的劳动教材从一年级开始就重视孩子的劳动技能训练

教育部的新版教材特别重视孩子的劳动能力基础训练，从一年级开始就有劳动教育的技能课程学习，切实对孩子的劳动手工进行基础训练。如小学一年级的第一课"整理书包"，为中高年级的劳动训练打下技能基础。

3. 现状——我国城区家庭注重孩子学习能力的训练，忽略孩子劳动技能的在家养成

除了学校的劳动课堂和课外课堂，我国城区小学家庭从小对孩子进行劳动行为能力的训练是比较欠缺的。

孩子小学前的家庭教育侧重点是：

（1）让孩子积极参加有关课外兴趣班，忽视孩子的家务劳动。如"小主持人班""口语技能训练班""思维能力训练班"等。通过调查统计，以一所小学为例，50%的孩子曾经参加过类似兴趣班。

（2）积极参加多样化课外活动，提高孩子活动交际能力，忽略社会劳动技能。我国城区家庭的家长，特别是新时代成长起来的新家长，特别重视通过家庭活动提高孩子的活动交际能力。他们通过带孩子参加课外展览活动、几个家庭一起的家庭活动、体育锻炼活动等形式，提升孩子的语言能力，为孩子中高年级的活动打下坚实的交际基础，但是总体忽略了孩子的社会实践动手能力的培养。

（二）我国城乡高年级孩子劳动能力两极分化

1. 随着近两年劳动教育的推进，中高年级学生劳动能力有所增强

由于家庭的重视，孩子从低年级开始就养成了良好的劳动习惯，孩子从一年级整理、二年级主动做家务、三年级参加学校课外的劳动，到五年级向有层次、有内涵的劳动过渡。这部分孩子约占整体的30%，也就是一个班50个孩子，大约20个孩子能顺利从中年级劳动技能技术过渡到高年级劳动技能技术。

2. 劳动能力居中游的孩子占班级大多数

中国由于实行了多年的独生子女政策，近几年的学生的父母也是独生子女居多，近几年入学的小孩虽然家里有兄弟姐妹，但因为是独生子女，习惯了爷爷奶奶或者外公外婆的包办，父母的劳动能力不够强，导致对自己子女的劳动能力没有做太高的要求，因此劳动能力居中游的孩子占班级的大多数，这部分孩子表现为：

（1）对劳动技能的学习表现为比较有压力。当劳动教育课程的老师布置劳动作业技能训练时，中游的孩子首先表现出"担心难以完成""只要完成了就好"的心理状态。如高年级的教材一般编排一个学期有八次劳动练习，有经验的老师会通过节假日、周末增加孩子的劳动技能训练量等手段，提高孩子的劳动水平。但部分学生仍不能完成。

（2）劳动能力不足，不能很好地完成一项劳动任务。这部分孩子约占班级整体的 10%，即一个 50 人的班级，大约 5 个孩子的劳动技能需要加强训练，而这部分孩子也是占据劳动老师绝大部分的教学精力。

①虽然城区小学的孩子家庭条件较好，但是由于从小没有进行必要的家务劳动操作，所以从低年级开始劳动技能就处于比较困难的水平。

②家长不重视孩子的劳动技能训练，当到中年级需要劳动的时候，发现自己的孩子由于家务劳动少、不爱劳动、劳动能力不强等，在劳动的时候容易表现出厌恶情绪，形成恶性循环。

③没有养成良好的劳动习惯。劳动习惯是孩子学习的基础，如果没有良好的劳动习惯，孩子在劳动学习中将会不能有太大的积极性，那么在中高年级的劳动训练中就会有"不想做""不喜欢做""拖拉劳动"的表现。

二、激发孩子主动劳动潜能，才能做好中高年级孩子的劳动技能教学的衔接

要做好中年级和高年级孩子的劳动衔接，让孩子到了高年级以后，不畏惧劳动，那么就需要让孩子从小就认识到劳动的重要性，这样才能激发孩子主动劳动的潜能。

（一）激发孩子劳动能力的潜能

劳动好的孩子，动手能力或者思维能力都是较好的。那么，怎样才能提高孩子的劳动操作能力，从而提高孩子劳动中语动手和思维能力呢？

1.多时段、多种方式在班上引导孩子参与劳动

有的劳动老师认为高年级孩子的学习任务重，愿意把劳动课堂更多地"走过场"，忽略了孩子劳动教育的引导。劳动老师不一定只在劳动课堂上进行劳动教育，可以利用碎片化时间引导孩子多去劳动。如在家长义工、值日、大扫除等时间引导学生参与劳动。很多劳动老师喜欢在课堂上教授技能，忽略课后操作实践。其实孩子可能在以前的家务劳动、学校的值日活动中多次参与劳动项目，只是对劳动技能的掌握不够扎实，老师可以利用更多时间，如班会课、队会课进行劳动教育的渗透。劳动技能的提高离不开劳动能力的提高，而劳动能力的提高离不开时间的积累。

2.多样化劳动项目的设计才能提升孩子的劳动基础技能

要学好劳动，一定要劳动基本功过关。如果老师一味地批评孩子劳动能力不强，这样只会挫伤孩子的劳动积极性。老师要用实际劳动教学措施帮助孩子提升劳动基本功。

（1）增加"劳动技能记录本"，让孩子在每次的劳动结束后，记录劳动时间、劳动过程、劳动心得，提升劳动技能。

（2）劳动教学学科教师可以在"劳动技能记录本"中增加"小小劳动"的劳动锻炼。

有经验的中年级老师还是会延续二年级的劳动训练，让孩子从"小小劳动"的劳动锻炼中得到多次训练，用多次训练增加孩子劳动的练习次数。如每天在家"扫地"，引导学生坚持并记录下来，引导学生即使是在这么"小"的家务劳动，我们也要在劳动过程中开动脑筋，"智慧劳动"。如何能在最短时间"扫地"？老师还可以进一步引导学生把劳动过程详细记录下来，变成一篇有价值的作文或者周记，使学生认识到劳动也是作文中很好的生活素材，只有多参加劳动锻炼，生活的素材才能丰富多彩。

（3）劳动过程中提醒家长多使用正面鼓励语言——在劳动批改的过程中注意使用鼓励语言，使学生提高自信心，正面鼓励能增加学生参加劳动锻炼的积极性。

劳动技能和技术底子薄的孩子必定是在成长过程中缺乏鼓励、缺乏锻炼，缺乏旁人（父母、教师、同学）的认可，如果升上高年级后，劳动老师继续用惯用的语言"批评、评判"他们劳动不认真，他们只会对劳动更加恐惧，陷入了"不会劳动—不想参加劳动—不敢积极参与劳动—不好好劳动—劳动不认真—不会主动去参加劳动活动"的怪圈。

（二）激发孩子学习劳动的兴趣和激情，做孩子喜欢的劳动技能教育教师

中高年级的劳动要做好衔接，离不开激发孩子学习的潜能。要激发孩子劳动的激情，就要让孩子"重新"爱上劳动。每个孩子懵懂上小学一年级的时候，都会首先喜欢上劳动课的，但是慢慢地，由于前面所阐述的现状和原因，一部分孩子对劳动产生"厌烦"，觉得劳动不就是值日和家务活吗？又或者觉得劳动是体力活动，容易觉得烦和累。最直接的表现就是对"劳动"的害怕和厌恶。从中年级开始，劳动老师就要注意让孩子重新喜欢上劳动，喜欢上"劳动课"。

（三）激发孩子对生活热爱的"潜能"

中年级和高年级的衔接非常重要，中年级的老师做好劳动的潜能激发，高年级的时候孩子才会将对生活的热爱变成劳动，在劳动中感受生活的快乐。

1.关注孩子劳动学习的敏感度

当孩子还是中年级的时候，其实正是孩子对生活最敏感的时候，如果这时候，孩子的生活、心灵的点滴得不到尊重，那么就会影响到他对劳动和学习的敏感度。最明显的表现就是把劳动学习和生活割裂。不能把生活的点滴及时变成劳动的感悟，变成劳动。如果这时候中年级老师能关注孩子的思想状况，及时发现孩子在日常的所思所想，那么孩子将会变成一名

"劳动小能手"。

2.关注孩子劳动学习能力的提升

广东省的劳动教材对劳动的学习和技能有很明显的划分，一年级收纳和整理、二年级动手制作玩具、三年级初步提升劳动技能、四年级能完成一项劳动、五年级能在劳动里有技能和技术的体现、六年级有能力的学生能组织和策划一次劳动活动。孩子总会在劳动的过程中不经意长大，这时候，一名有责任心的劳动教育教师就要及时关注孩子劳动学习能力的提升，指导孩子及时提升劳动学习技能。

三、激发孩子劳动学习的潜能，做好中年级和高年级劳动教育的衔接

劳动是劳动学习技能的整体反映，只有激发孩子劳动潜能，做好中高年级劳动的衔接，才能让孩子在高年级的劳动中"得心应手"，打好坚实的劳动基础。动手能力是高年级劳动学习的一项重要技能，做好中高年级衔接，才能让孩子在高年级的劳动学习中有"喜爱之心"和"得心应手"，作为小学劳动老师，更要从孩子的生活、学习、心灵等方面观察孩子的劳动心理变化，引导孩子及时掌握各个阶段的劳动技能。从而做好中高年级劳动技能的衔接。

（一）劳动学科的教育教学不仅要化大为小，还要学会赞美

"好孩子是夸出来的"，对每位孩子每一次的成果都要给予肯定，否则就会打击孩子的劳动热情。星星之火，可以燎原，教师要当好"点火人"的角色，而不能当"灭火剂"。要让孩子们的激情不断燃烧，直至想扑灭都无法扑灭、想让他们停止劳动都无法停止的境界。我们常常会在孩子的"劳动活动记录"上看到这样的评语："劳动不够积极""劳动不够认真""态度不够端正"等。这样的评语很容易就把孩子劳动的积极性抹杀掉。劳动教师的语言褒贬对能不能激发孩子劳动的积极性尤为重要。如果我们老师能不受定式思维和条条框框的束缚而是以此为契机，对孩子多培养、多鼓

励，孩子的个性会很好地培养出来，而不是被扼杀在孩子的思想还没有固定和成型的时候。每一位孩子的劳动总有他的优势，教师应该肯定孩子在这次劳动中发挥得比较好的地方，教师也应该用一双会发现的眼睛去发现孩子的优势。

（二）从家庭劳动素材入手，开启孩子的劳动潜能

"巧妇难为无米之炊"，劳动也需要家庭劳动的支撑，如果没有活动去体验，也是镜中花，水中月，是虚的。"捡到篮子里是菜"吗？不一定。多多体验家务劳动才能充分体现出孩子的家务劳动技能的训练。然而，在劳动活动安排的现实中存在三种失误：一是司空见惯的"大路劳动"，如草草布置课后劳动，没有具体的指向性和目标性；二是毫无新意的"陈旧货"，来来去去就让学生回家"做家务"，老师用心设计的课后劳作太少；三是简单模仿的"舶来货"。孩子不喜欢劳动，劳动的时候就不认真，老师也简单地学习外国的"东西"，如"圣诞节"让学生布置装饰教室，这样的影响不好，不是我国的传统文化，不能让学生和家长产生共鸣，完成"手作"也就不够积极。因此，教师要在劳动素材的积累和建设上下功夫。孩子有东西可做，做起来也就不难了。那么怎样入手布置"课后劳动"呢？可以这样做：每周一做和每周"一记"（记下一周最值得回味的劳动事务），每周一讲（讲给同学最新鲜的劳动事），每日一读（读一篇优美的和劳动或者劳动人民有关的文章）等。叶圣陶先生说："生活犹如源泉，文章犹如溪水。"这就是说劳动素材来源于我们的身边，来源于生活中的点滴琐事，只要我们在日常生活中善于发现劳动的美、积累劳动的美好、整理劳动经验，就能聚沙成塔。如果能够充分调动我们孩子的劳动积极性，建造一个内容丰富的"劳动资料库"，那么孩子劳动也就不再是多难的事。

诺贝尔文学奖获得者、捷克诗人塞费尔特在回答记者采访时说过"劳动是因为感到自由、感到欢乐"。建构新型的劳动教学环境，营造和谐的劳动氛围，让孩子无拘无束敢于表达自己的真实感受，他们才会对劳动充满兴趣。"宝剑锋从磨砺出，梅花香自苦寒来。"只要持之以恒，引导孩子做生活的有心人，巧指导、多思考、多劳动，我们一定能激发孩子巨大的劳

动潜能。

科学家爱因斯坦说过:"兴趣是最好的老师。"这就是说一个人一旦对某事某物有了浓厚的兴趣,就会主动去求知、去探索、去实践,并在求知、探索、实践中产生愉快的情绪和体验。《劳动课程标准(2011年版)》指出:"劳动课程必须根据孩子身心发展和劳动学习的特点,关注孩子的个体差异和不同的学习需求,爱护孩子的好奇心、求知欲,充分激发孩子的主动意识和进取精神。"因此教学中,兴趣培养尤为重要。所以,我们可以把劳动训练分为一小块一小块的,各个击破。如,可以让孩子从叠衣服入手,从自己的事情自己做入手,从身边事开始入手等。教师要学会"庖丁解牛",小问题解决了,大问题也就迎刃而解,孩子自然就会找到劳动的窍门,也就不再讨厌劳动了。

对此,如果我们劳动教师只对孩子进行纯理论的劳动技巧指导,一节理论课让孩子听得是云里雾里,始终走不出困境,结果是孩子讨厌老师,老师讨厌孩子。其实,我们老师犯了一个极大的错误,那就是把孩子们的劳动潜能抹杀了。为此,劳动教学要想方设法开启孩子的劳动潜能。

第二节　综合实践德育劳动渗透案例
——《走访为农街》

本案例《走访为农街》曾获广东省综合实践案例评比一等奖。本次活动案例以学生活动为主。真实体现以学生为本，以学生为主的教育理念。

学生访问活动

学生访问活动一：访问群众

我们来到为农市场附近，问问周围的市民，以前的为农市场是怎样的，现在的为农市场又是怎样的，有没有一点改善呢？

我们又找了周围的一些市民，问问他们以前的为农市场是怎样的，有没有一些改善。市民向我们反映的情况是这样的：以前的为农市场外面的店铺太多，里面的摊位摆得很不规范，乱七八糟。地上污水横流、臭气熏天。外面的地上果皮纸屑、烂水果到处都是。风一吹，地上的果皮纸屑都飘起来了，飞得脸上都是，那些烂水果一蒸发之后，异味真难闻。

现在市场重建后，有了专门的管理人员，并对市场进行了统一规划，按种类进行分区域摆放摊位。这样就显得规范了很多，不像以前那么乱了，地上的果皮纸屑少了，外面的走鬼摊位①也少了很多，整个市场显得宽敞了

———————————

① 广东话，意思是流动在城市大街小巷的小摊贩。

很多，总之便民又便利。

学生活动二：新旧为农街对比

为了对为农街进行新旧对比，我们找了一些为农街以前的相片进行对比和观察。看着从前为农街的照片，我们仿佛看着从前为农街的老街坊一样。呵呵，为农街，为农市场，您是一位幸运者，政府对你一次又一次的改造重建。

以前的为农街招牌乱挂

现在的为农街

我们还把为农市场以前的照片和现在重建后的照片做了一下比较，也觉得市场确实改善了许多，宽敞的市场和街道两边整齐而又规范。没有了往日的喧哗，再也不会见到街道两旁摆上的地摊。为农街，还是那条小街，街上的这些个招牌，依然存在。

从照片上看，现在的为农街是不是让人很舒服呢？以前大人们来买菜的时候，都不敢把小孩子带上来，怕弄脏了小孩，或者担心有细菌，容易感染疾病。但是从采访中，我们发现很多大人现在都愿意带上小孩。

小组活动精彩片段

非常美丽的巨兔小组

小组简介

大家好，我们是非常美丽的巨兔小组！

我是组长杨洋。郭沁妍是副组长。

小组成员有：

袁哲聘、江璇、陈颖薇、许燕娜、李皓乐、刘泓邑、刘诗彤、刘思瑶。

我们小组的分工是这样的：

刘泓邑、袁哲聃、江璇：负责拍照片；

陈颖薇、郭沁妍、李皓乐：走访市场；

许燕娜、刘诗彤、刘思瑶：调查访问；

杨洋：整理收集的资料。

小组名字的由来

来一张大合影

我为我们小组起了一个既有趣又比其他小组名字要长的名字——非常美丽的巨兔小组！

之所以会起这个名字，主要还是要感谢李皓乐同学！当时老师让我们给小组起个名字的时候，我的脑子里一片空白，不知道起什么名字好。好不容易想到了一个名字——热心女生帮，一下子就被否决了。然后我又想到了一个——寻找梦想小组，可还是被否决了。幸好李皓乐同学急中生智，紧要关头想到了电视剧爱情公寓里的一个名字——菲菲菲非常美丽的巨兔12138。但由于名字过长，我把它给缩短了，改成"非常美丽的巨兔"。就这样，我们便把起名字的困难给解决了。

我们还把访问市民的调查问卷结果做成了一个统计图：认为市场有改善的有七人，认为没改善的有五人，

认为现在的市场好的有十一人，认为以前市场要好的有五人。

可见认为市场有改善的人数比认为没改善的人数还是要多一些。但还是有人认为市场环境没什么改善。认为现在市场好的人数最多，不过还是有一些人认为以前市场好，可能是他们很早就住在了为农市场周边了，对以前的市场已经熟悉和习惯了。现在市场重建后，以前的市场完全像是脱了一层皮似的，变成了一个崭新的画面和环境，感觉有些不习惯，相信他们再过段时间就会习惯了现在的市场环境，到时一定也会认为现在的市场要好的。

小组成员在走访市场的同时拍了成员的照片、访问市民的图片以及小组成员的合照。成员图片当中有我和刘思瑶扮"空姐"，我们在拍访问市民图片的时候，有的市民却在笑，是在笑我胖，还是在笑我矮呢？

这次的综合实践活动太让我受益匪浅了，可以让我以自己的努力去知道为农市场的变化，能更多地促进人与人之间的交流，并在交流过程中学习。这次的综合实践是我尽自己最大的努力去做的，能让我学会以后更加努力、认真地去做好一件事。希望以后能够多多开展这种类似的活动，因为这种活动对我们有益而无害，能增长我们的课外知识，同时也对我们以后的学习有很大的帮助。

这次的比赛，我们小组输了，第一名被陈文熙小组夺取，但我们输得心服口服，因为他们的样品比我们组的好，受各组的欢迎，他们得了五票，我们只得了一票，但我不灰心，失败乃成功之母，下次比赛，我一定要打败全组，夺取第一！

凹凸曼小组

活动一：主题的确定

是不是觉得我们这个小组的名字很特别呀？想知道我们为什么叫这个名字吗？请看我们组的活动。这次我们又开展了综合实践活动，老师给我们的大主题是"寻访为农街"，每个小组还需要定一个小主题。经过我们组的组员一起商量，我们决定这个小主题就是"环境的变化"。

我们的组名叫"凹凸曼小组"。

下面是我们的小组名单：组长：郑银妆　副组长：陈影彤

组员：陈梓琴、李建庆、吕宁、李柏森、李雪莹、萧颖怡、李伟婵

我们在活动的过程中，也弯腰捡垃圾，说到就做到。

组名的由来

我们组选定的小主题和组名都是有原因的。我们定的主题是"环境的变化"，是因为我们大家都认为为农街这几年最大的变化就是卫生、环境好了很多。以前为农街到处都是垃圾，随处可见，可是现在，地上不但很少有垃圾，反而还会看到市民见到垃圾就主动捡起呢。组名叫"凹凸曼"是因为我们认为凹凸曼是一个正义、有正能量的人，他总是无私地帮助别人，所以我们相信我们自己也可

以像凹凸曼那样，乐于助人、正义、勇敢，做得很好。

我们只要每个人都像凹凸曼那样保护环境、保护地球，那么我们的环境就会越来越好，别看我们组女孩子居多，只有李柏森一个男孩子，但是我们也会像凹凸曼那样坚强和勇敢。

活动二：制订小组计划

调查过程：

第一步：走访、观察为农街的环境。

（负责人员：李雪莹、李柏森、萧颖怡、郑银妆、李伟婵）

第二步：访问市民并填写调查问卷。

（负责人员：李建庆、陈梓琴、陈影彤、吕宁、郑银妆）

第三步：整理资料然后做幻灯片。（负责人员：陈影彤、吕宁、郑银妆）

在我们调查和观察的时候，我们还会拍下照片和录像。

活动三：观察采集资料

我们调查的第一步　走访

观察为农街是由李伟婵、李雪莹、李柏森和郑银妆负责的。

我们中午一点半集中鹏泰百货门口，接着拿出相机，在为农街那拍下了一些照片。一条街上，一眼望过去，没有一点垃圾。不过我们也在一个垃圾桶旁看到有很多零碎的垃圾在旁边，并没有扔进垃圾桶里。这可真是美中不足啊！

说实话，为了更了解环境的改变，这需要哪些改变，我们深入了为农街比较脏的地方，如垃圾房等地方，但是，就是在这么脏的地方，我们的组员也开心地开展活动。

接下来是第二步：访问市民并填写调查问卷。由郑银妆、吕宁、陈影彤、陈梓琴、李建庆负责。

我们是在 11 月 15、16 日中午一点

在鹏泰门口集合。访问市民是在 11 月 15 日进行，我、陈梓琴、李建庆。口头问那些叔叔阿姨为农街近来最大的变化是什么，为农街的环境还需要

采访的主要地方

什么改变吗，并做好笔记。一开始我们可是很不成功的，那些叔叔阿姨什么都说不知道啊，没时间啊。但我们一直都没有灰心，坚持就是胜利，最后终于有店铺老板肯接受我们的访问了，哈哈！他们说："为农街这几年最大的变化就是干净、漂亮了很多，走鬼也比以前少了。但为农街的楼房还是有些旧，消防设备太少了。"还真的是呢，要是万一发生火灾那就惨了。填写调查问卷是在 11 月 16 日中午一点。这次也因为我们有了昨日的经验，所以没那么害怕了。很多路人都肯接受我们的采访，让我印象最深刻的是一位老奶奶，她看不懂字，也听不懂普通话，但她是说广东话的，于是，陈影彤就用广东话一句一句地问她。我们访问的时候，老奶奶一边认真地听一边和蔼地对我们笑，这也让我们感到很温暖。最后我们一共采访了二十几个人，我们还拍了合照，然后就匆匆忙忙地去上学了。通过我们的调查，大部分市民对新为农市场印象一般，他们觉得为农街治安不是很好，走鬼多但比以前少，偶尔也会看到市民乱丢垃圾。

　　活动结束后，让我们"凹凸曼小组"也来一下千手观音吧！

统计和分析

为农街的街坊意见，为农街应该如何再改进呢？

为农街印象统计分析

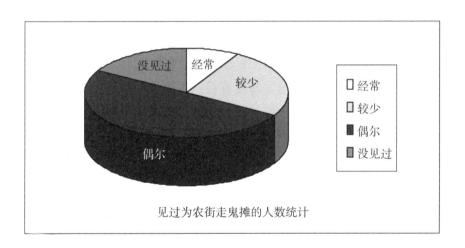

见过为农街走鬼摊的人数统计

活动四：齐心协力做"幻灯片"

最后一步：整理资料然后做幻灯片。

由陈影彤把照片和问卷整理好，做好初步的幻灯片。然后由我和吕宁对幻灯片进行修改。图片要以怎样的方式出来、应该写什么标题、哪

里做得不好，等等。做幻灯片的过程是很辛苦的，好在陈影彤、吕宁还有我们的组员都对这个比较有兴趣。由于指导教师卢老师在北京出差，所以我们还要经常把幻灯片发到电子邮箱给她看，看了以后再做出修改，有好的幻灯片真的不容易，我们前前后后大概已经修改了差不多六次了，可是卢老师还是坚持让我们自己做，她说，我们已经是六年级的学生了，要给一个机会让自己长大。

展示那天，有很多老师来听课。看了其他组的报告，有些很精彩，有些还不是很好。但我认为，我们组已经表现得很好了，我们花费了很多心思。

小组活动感想

我们的展示和幻灯片虽然用心做了，可没有得到其他组的投票。在本次综合实践活动中不是最精彩的一个。那天放学后我去打球，打完球六点钟下课回家，在校门口碰到五年级教我们的卢嘉嫦老师，她今天也听了我们班的公开课。于是我就问她："卢老师，你觉得我们班今天表现得怎样啊？"卢老师说了一番话，我一直认真地听："其实你们今天表现得都很好，很多同学都带给我惊喜。但你们展示的资料太浅显了，对于你们六年级的学生来说，这不太符合你们的水平。比如说，杨洋那组带来的西红柿，只看西红柿的外表有多么的光滑，却没有看一下里面的肉是怎样的。不过错不在于你们，你们已经做得很好了，就是以后做事一定要认真。哈哈！可能是我太严格了吧。"我和卢老师道别以后就回家了。其实对于别的老师，我根本不敢这样单独、放松地去对话。

这次的综合实践活动让我更加了解为农街，知道了为农街的美食有什么，为农街存在的问题。这次的活动加强了我的综合活动经验。其实我们在调查的途中，有些组员并不配合，不用说什么团结合作了，但是我一定要尽到组长的责任。但最让我受益的是最后卢老师说的那一段话，别看那只是一段简简单单的话，却让我从心底感谢这位老师。她让我知道了做什么事都一定要认真，不能有一点马虎，这是我这次最大的收获。

我们的组员说

通过这次活动，我们调查到，为农街比以前干净漂亮了很多，但是有些地方还是会有一些垃圾，走鬼还是很多，大部分市民认为，为农街的环境和治安还需要改进，要想创建美好家园，就要靠大家。做个好市民，从我做起，不破坏环境！

制作过程

我们在做第一步的时候遇到了很多困难，比如，我们遇到一些不热心的人，我们去调查的时候，他们说："一群小屁孩，快走开！别烦哥哥我打游戏！"或者有的说："你们到别处去访问吧，我要做生意呢！"还有的说："你们干啥呢？别吵着我！"不过还是有一些好心的人帮了我们。

我们下面的第二步是："整理资料、做幻灯片。"这个第二步是最困难的，因为要做幻灯片——这个花了我太多的精力了。我和周致远忙了一个星期才能做完！其中的难题太多了，我简单地说一下：①U盘的问题。②设计幻灯片的问题。③……

最后一步——去彩排。（这一步没什么困难）我只要叫小组组员排好队就行了。

受过的帮助

在这次综合实践活动当中，我们得到了许多人的帮助才能顺利完成。例如，爸爸妈妈、同学及其他的亲朋好友。我们的同学帮忙通过各种渠道查找资料和走访街坊邻居收集资料；爸爸妈妈帮助我们整理资料和讲述他们知道的相关内容；帮助我们最多的，要算老师了。因为老师告诉我们怎样修改时也说漏了嘴，告诉我们应该怎样做，跟我们分析哪里做得不够完善，让我们把综合实践活动的资料内容修改得更为完善。所以，这次综合实践活动可以这样顺利地完成，多亏了老师这个好帮手啊！

展示过程

"请观察小组上台！"

我们小组的人个个抬头挺胸、勇敢地走了上去。我——陈文熙——也就是组长，介绍道："大家好，我是观察小组的组长，陈文熙，我和周致远是做幻灯片的，而罗钧耀和李昊霖是负责查资料的，黄伟城、林宇圣、江思庆、黎文就是走访调查的。下面，请其他组员先下去。由于我们想让大家试一下大台北奶茶的美味，所以我们带了样品过来！下面，我喊1、2、3，谁最快谁有奖！"

总结

这次综合实践活动让我做了一次"领导"。虽然很辛苦，但是让我懂得了一个对我以后很好的道理：机会不是别人给的，是自己争取的。不要懒惰！

观察小组

我们的名字很普通，但是我们的活动组员一点都不普通啊！请看看我们的活动，你就知道了！

活动一：确定小组主题

小组主题：为农街的美食

这次综合实践活动，老师给我们的大主题是——"寻访为农街"。我们小组的原来的小主题是"为农街的卫生"，但是因为也有小组做这个小主题，所以我们小组迫不得已改成："为农街的美食"。

我们的小组组员有：组长：陈文熙

组员：黄伟城、林宇圣、江思庆、周致远、罗钧耀和王仕棠。

1.计划

①：研究题目："为农街美食"

②：研究内容：为农街的美食有哪些？哪个最好？

③：研究过程：

第一步：走访调查、拍摄图片。（黄伟城、林宇圣、江思庆、黎文就、罗钧耀和王仕棠负责）

第二步：整理资料、做幻灯片。（陈文熙、周致远负责）

第三步：去彩排。（全组负责）

完成课题时间：2012 年 11 月 10 日 ~2012 年 12 月 11 日。

奇葩小组

主题背景

我们这次的综合实践活动的主题是"寻访"为农街，我们自己定的小组题是为农街的变化

活动一：制订活动计划

活动准备：

第一步：查资料（关于为农街的发展、历史和风土人情）；

第二步：做访问（访问人们是否了解为农街的发展和历史）；

第三步：整理资料（将所查到的资料和所访问到的资料做成幻灯片形

式展示）。

完成课题时间：2012 年 12 月 11 日星期二

本次活动的目的：第一：通过活动方式来提高同学们保护环境的意识。

第二：使同学们更深地了解为农街的发展、历史和风土人情。

以下是本次综合实践活动的感想：

小组的感悟和计划还有活动的安排都是学生自己写的，自己安排的。在活动结束后，我让每个小组自己写下活动过程，这个"奇葩小组"真"奇葩"，他们有他们活动的感悟，他们决定要先写下感悟和感想。

消失的村落

为农街在 20 世纪 70 年代以前就是一大片的沙岗地。真正珠海本地上年纪的人都知道，小的时候，三月清明拜山都在那里拜。平时贪玩的小男孩除了到海边玩和游泳。就到那里抓四脚蛇玩。20 世纪 70 年代后，大境山水库里的人很多都迁移出来住……沙岗地变为松林街、境新街。现在好了，有现代城市，漂亮的市场，衣、食、住、行样样齐，真是社会主义好。

以前大境山有条华前村，后来1972年，珠海县要在大镜山建水库，故此华前村要搬迁，就迁到现在的镜新街那一带，村民建起房屋居住下来，"镜新街"这条街也因此而得名，村民也因此而转为城镇居民了，再也不是村民了。到了2000年，奸商看中这一带低矮的房屋和临近马路（可以建商铺牟利），就抓住所谓的城中村改造这个时机与贪官勾结，硬把镜新街一带当成是以前的华前村，千方百计，软硬兼施，最后拿到这一带的改造投标，到后来就有了那几栋楼叫"彩园"了。

活动二：街拍为农街

用照相机拍下做访问时的照片以及录下做访问时的过程。

有必要现场走访考察的地方：为农街附近。

有必要准备的设备：照相机以及调查问卷。

需要的帮助：旧为农街的照片。

成果展示形式：用幻灯片形式展示。

可能会碰到的困难：找不到关于为农街的照片和资料以及本组同学约不来一起做访问。

访问后做出的统计图：

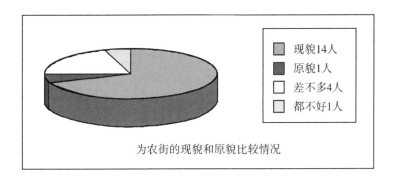

为农街的现貌和原貌比较情况

现貌14人
原貌1人
差不多4人
都不好1人

活动地点：阶梯教室旁。

活动对象：卢老师、六（5）班的全体学生和学校的老师和领导们。

活动小结：

在三个多星期的综合实践活动中，我们经历了很多事情也学到了很多东西。在这次活动中，从刚开始的一无所知到最后作品的出炉，大家都花费了很多时间与精力。因为只有用心和团结的付出，才能有更多知识的沉淀与收获。作为我们小学六年级第一次的活动，我想此次活动有着非常特殊的意义。

通过本次的综合实践活动，我们小组的成员因去做访问，我们小组成员的胆量和与陌生人交谈的能力都有所提升。我们小组的成员也通过本次的综合实践活动意识到无论干什么事，都需要团结并用心地付出才行。

党建教育和德育教育理论的融合

党史教育是德育教育的重要阵地，德育教育离不开党史教育，只有重视党史和党建教育，学生才能从小树立正确的世界观、人生观和价值观。无国就无家，今天新中国的一切都来自"中国共产党"的伟大领导，很多家长都是共产党员。如果扎根党史教育德育阵地，融合家庭教育的有效课堂，那么我们的家庭教育才能做到真正的浸入式家庭教育。

第一节　扎根党史教育德育阵地
融合家庭教育有效课堂
——浅谈党史教育与小学家庭教育的融合

作为小学生思想道德学习的前沿阵地，在小学思政课堂中融入中国共产党的党史教育是极具教育意义的。能深刻唤醒小学生对我国时代教育的认识，让学生从小就明白我们的幸福生活是来之不易的。只有扎根党的思政融合教育，在思政课堂中发挥党的先进作用，进一步活跃党史思政课堂的气氛，才能使党史教育与中小学生的家庭教育相融合达到最佳的融合教育状态，收到最好的教育效果。

一、认识"中国共产党的历史"教育，要从小抓起，"从娃娃抓起"

孩子的世界是最天真，最美丽的！从小学开始对学生进行"党史教育"就能让学生从心灵深处知道"生活的美从何而来""生活的美来之不易""生活的美需要珍惜"，这三种"生活的美"都是"中国共产党"赋予我们的幸福生活。

（一）"生活的美从何而来"

很多学生会认为，我们祖国的生活一直都是这么美好和幸福。他们不知道，在我们爷爷奶奶的年代，我们祖国人民的生活都经历了什么，幸福生活是哪来的。我们要通过党史教育告诉孩子。是中国共产党的伟大领导才有我们今天的幸福生活。我们的幸福生活是在党的领导下，经过许许多多的困难和险阻，由许许多多英雄先烈的牺牲才换来的。我们的孩子一定要从党史教育课中明白"生活的美从何而来"。

（二）"生活的美来之不易"

在过去，很多学生都认为我们的幸福生活都是理所当然，都是"唾手可得"的。他们不知道，中国共产党带领全国人民经历了多少困难和困苦，才有今天我们坐在明亮教室的幸福生活。我们可以通过视频、小短文、朗诵材料等方式，让学生明白"生活的美来之不易"。

（三）"生活的美需要珍惜"

我们的生活要永远这么美好和幸福，需要我们的珍惜。我们现在的生活还有许多威胁和不安全因素，如西方国家对我们祖国的"抹黑"，西方国家对我们中国共产党的"抹黑"等，都需要我们思政老师将德育阵地、思政课堂、主题班会等课程与党史教育融合，使学生明白我们要珍惜和爱护今天的幸福生活，"跟党一起走""和党一条心""心里永远把党和人民放第一位"，全国人民团结起来，才能抵抗外国势力，才能使我们今天的"幸福生活"长治久安。

二、融合——党史教育要扎根德育课堂，使党政课堂与家庭教育有机融合

小学德育教育阵地有思政《道德与法治》课、主题班会课堂、"国旗下讲话""少先队争章活动"等活动，在众多的德育活动中，在德育课程中开展"中国共产党党史"教育，使党史教育扎根家庭教育，使党史教育课堂与德育、家庭课堂有机融合，才能产生有效的教育效果。

三、充分挖掘党史教育的素材，提升党史教育课堂的效果

"党史教育"一直是德育思政课堂的教育重要内容，但由于过去对"党史教育"的素材挖掘不够，很多教师提起上"党史"课都觉得很难，觉得都是和大道理有关，其实"党史教育"也能深入浅出，学生喜闻乐见。

（一）中国共产党百年历史的主线

充分挖掘"党史教育"的时间材料。2021年是我国建党100周年，思政老师可以在家长会上首先对家长进行党史教育，可以把各个重大的与建党有关的历史事件植入思政课堂，使学生通过家长的教育有更深刻的时间概念。如7月1日是党的生日，为什么确立这个日期是党的生日？思政老师可以多渠道（如学习强国App）挖掘当中更多的历史材料，让党史教育课堂变得更加有趣。

（二）家庭教育更能融合党史教育，让孩子从家庭中了解中国共产党的先锋人物、英雄事迹

学生崇尚英雄，这个英雄不能只单纯是电影上的虚构的电影人物，更不能是西方电影的个人英雄主义形象。我们要通过教育，在德育课堂中展现中国共产党的英雄人物，让孩子从小就受到真实的英雄教育。如雷锋、董存瑞等真实英雄形象。更深入挖掘英雄事迹，如"雷锋"，学生从二年级的部编版语文教材中接触到"雷锋叔叔"的光荣事迹，那么在家里父母就可以融合语文课文的教育，就能深化英雄形象。这时候，思政教师不能继续照搬语文课文的内容，而是以语文课本上"雷锋叔叔"的形象引出"党史教育"。引导学生讨论："雷锋叔叔为什么一心要加入中国共产党？""雷锋叔叔为什么处处以中国共产党党员的标准要求自己？"回到家，父母根据老师提供的素材播放雷锋叔叔的动画短片，引导学生进行思考。

（三）挖掘党史教育中的历史事件材料，用故事形式在家里吸引学生学习"党史教育"的兴趣

在中国共产党领导中国人民走向胜利的时刻，有许许多多可歌可泣的动人故事，这些故事是思政课堂最好、最有趣、最先锋的事迹。如地道战的故事，反映了共产党员的智慧，也是今天我们小学生需要学习的英雄事迹。

四、把党史教育融合到家庭教育课程的设计中，主题分明、层次清晰、互通有无，增强德育课程的党史教育

党史教育不能只关注学生，面对学生，党史教育还可以面向家长，在家长会中设计一节高效的德育课程能使家长明白一个道理，树立正确的道德观、世界观、人生观（三观正）。中国共产党能领导中国人民建立新中国，在新中国建立新时代，在新时代中抗击疫情，成为世界上"唯一有效抗击疫情的国家"，就是因为中国共产党党员有正确的世界观、道德观、人生观和正确的人生理念，碰到危难不退缩、不放弃。

五、让党史教育更贴近生活，贴近家庭，让孩子在家也能接受党史教育

家庭教育课程融入党史教育可以打开党史教育的一条途径。但其实党史教育还可以在家庭环境里进行，这样就会开辟一条可以更加贴近生活的党史教育路线。让党史更加贴近生活，贴近家庭，利用家庭里的有效资源，让孩子在家也能接受党史教育。

（一）利用家庭中有效的资源开展党史教育，提升党史课程的说服力。如果孩子在家接受了党史教育后，回到家后能够马上和家人进行有效的沟通交流，共同观看党史电影，那么党史教育就会更加的有效果。如《红军不怕远征难》就能很好地让学生在课堂上接受党史教育。如果孩子回到家

中，得到孩子的家长的配合，尽快观看电影《飞夺泸定桥》，那么孩子对党史教育的印象就会更加深刻。

（二）利用家庭中有关的家庭成员开展党史教育，让家庭成员和孩子一起成为党史教育的学习者、帮助者。共产党员是教育的最好典范。如果孩子家中有共产党员，可以让家长一起和孩子学习，告诉孩子党史的重要意义，让孩子更好地理解党的历史。

第二节　课前背　课中学　课后思

——浅谈如何巧用"社会主义核心价值观"
提高小学思政课堂德育素养

习近平总书记在学校思想政治理论课教师座谈会上强调，"办好思想政治理论课，最根本的是要全面贯彻党的教育方针，解决好培养什么人、怎样培养人、为谁培养人这个根本问题""思想政治理论课是落实立德树人根本任务的关键课程"。要遵循习近平总书记的话，从小学开始就重视思政课堂建设。作为思政课堂重要实施者的我们——思政教师，应该把"社会主义核心价值观"和小学思政课堂教学牢牢结合在一起，因为"社会主义核心价值观"的 24 个字已经家喻户晓，容易上口，容易记住，幼儿园的孩子也会朗朗上口，轻松记住。其实"社会主义核心价值观"这 24 个字也涵盖了我们小学思政课堂的主要内容和政治素质，只要思政老师用心、用巧，巧妙地运用"社会主义核心价值观"，把这 24 个字的内容融入小学思政课堂，那么就能有效提高小学思政课堂的德育素养，有效提高小学生的道德素养，给小学思政课堂带来事半功倍的效果。

一、课前背——巧用"社会主义核心价值观"为思政课堂准备

为学生上好思政课堂打下坚实基础。好的习惯会使好的课堂成功一半！好的素养能为学生带来好的习惯！一些素养较高的班级，会要求学生在语

文课前五分钟背诵《论语》，那么思政课堂同样也能利用这课前五分钟，让全体学生齐背"社会主义核心价值观"。在课前五分钟学生齐背，能起到"明志""齐思""集神"的效果。

1."明志"

课前背诵"社会主义核心价值观"，能够无形中使学生"明志"，在背诵中思考自己的志向。"志向"对于一个小学生来说是非常重要的，他只有从小树立远大的志向，立志报效祖国，才能从根本、从根基上，用好的习惯严格要求自己。如毛泽东主席，他从小立志为人民利益而奋斗，所以毛主席从小处处严格要求自己，要求自己每天五点就起床背诵经典古文。又如我们敬爱的周恩来总理，《少年中国说》体现了周总理从小对自己的严格要求，而他之所以严格要求自己，就是因为他明志，从每天不断的诵读中确立自己远大的志向，从而为之而奋斗！

2."齐思"

课前准备是最容易被忽视的，但是有经验的思政教师绝对不会放弃这宝贵的课前准备。通过课前齐诵读"社会主义核心价值观"就可以让学生及时思考，一起在诵读中思考，刚开始，学生会不理解"社会主义核心价值观"的含义，但是随着齐读时间的增长，学生就会不自觉地思考每一个词语所富含的意义，并从中确立远大的理想。如"富强"，很多学生开始觉得"富强"和"富有"相似，但是随着课前诵读的次数增加，就会思考"富强"的含义，并通过多种方式理解每个词语里面的含义，并因此通过多种途径认识每个词语所表达的含义。他们渐渐明白国家要"富强"，离不开儿童的教育，离不开每个人民、公民的奋斗。

如小学一年级诵读"社会主义核心价值观"，刚开学的时候，每个学生都牙牙学语，但是却非常认真地诵读，慢慢地，随着思政课堂上对"社会主义核心价值观"内容的渗透，学生在每次课前背诵时就赋予了感情和激情，这时候的思政老师更从中选拔认真背诵的同学作为领背人，提高同学们背诵的积极性！

3. 集神——集中学生的精神

大家知道，小学生的注意力容易不集中，特别是小学一年级阶段的孩子精神更是容易涣散，如果在上思政课前能够让孩子背诵"社会主义核心价值观"，就能很快集中孩子们上课的精神气！让孩子从课间热闹的喧哗中很快就能安静下来！静下心来，安静地进入课前准备！

二、课中学——在小学思政课堂巧妙引入"社会主义核心价值观"的内容学习，提高小学生德育素养，提高思政课堂的知识素养和道德修养，达到事半功倍的效果

"社会主义核心价值观"非常适合在小学思政课堂上作为"内容"、作为"经典"被引用。如在上一年级《道德与法治》课中，《我认识了您》这一课的时候，思政教师巧妙运用"社会主义核心价值观"，增强了课堂的连贯性和趣味性，使本来枯燥的一年级思政课堂变得生动而有趣。思政课堂从小学一年级开始就得到学校、教师、学生的重视。因此，在小学思政课堂中，教师可以借鉴《我认识了您》一课进行教学设计。

（一）以"社会主义核心价值观"为激趣引入

在思政课堂中，引入是一个很讲究老师心思的功课，而在《我认识了您》这一课中，老师巧妙地问："同学们，刚才背诵的'社会主义核心价值观'中，你最喜欢哪个词语啊？"学生纷纷回答，有回答"富强"的，有回答"民主"的，有回答"文明"的，有回答"友善"的。这时候老师适时接话："是啊，正是有'社会主义核心价值观'的引路石，我们学校才这么的'文明'，我们的老师才如此的'友善'，今天让我们一起学习《我认识了您》这一课，一起认识'友善'的老师们吧！"看，多么自然的引入，让学生对学校、对老师有一个非常美好的印象！

（二）以"社会主义核心价值观"为承接语，提醒学生珍惜我们现在幸福的生活

习近平总书记在学校思想政治理论课教师座谈会上的重要讲话，从党

和国家事业发展全局出发，对如何办好新时代思政课做出部署、提出要求，为我们推进思政课建设提供了思想指引和实践遵循。作为小学一年级的思政课堂更是前沿阵地。因此，我们更加需要用好"社会主义核心价值观"这一承接语言，打通思政课堂各个环节，理顺思政课堂思路。

如《我认识了您》这一课中，学生既认识了亲切的班主任、副班主任，又认识了尊敬的校长，也认识了给学生学习生活提供安全保障的保安叔叔和清洁阿姨，那么如何把这几个在学生学校生活中有重要意义的人和人串联起来呢？思政老师用上了"社会主义核心价值观"中的"平等"，不管是班主任、副班主任，还是尊敬的校长以及为我们服务的保安叔叔和清洁阿姨，我们都要"平等"而且"友善"地对待。思政课堂利用"社会主义核心价值观"，把学生不容易理解的道理和道德修养引入学习生活中，让他们慢慢养成良好的道德修养。

接着，思政老师精心设计教学环节，把"平等""友善"的理念渗透到教学内容中，思政课的老师当遇到教学难点时也可以尝试用"社会主义核心价值观"来化解这些思政课堂教学难题，便于设计教学环节，提高教育效果：

1. "平等"——情景再现 1

思政教师在课前收集学生的日常有关具体事例，在思政课堂进行情景再现，让学生讨论、体验如何在日常生活学习中平等对待每一个人。如，当你在饮水机旁洒了水，弄湿了地板，那你可以怎么办？我们可以叫老师帮忙，可以叫保洁阿姨帮忙，这时候不是只有校长可以帮你，"平等"一词就通过这个事例有了最好的体验。

2. "友善"——情景再现 2

照片展现"全班安静地吃早餐"，我们班的纪律这么棒，你会向谁表扬我们班？学生纷纷发言，可以向家长，可以向校长，可以向老师表扬班级，这样就从思政课中让学生从小体验社会的"友善"。

（三）利用多种思政课堂教学环节，丰富思政课堂的内容，充实思政课堂的思想，提高学生对思政课堂的认知度

小学思政课堂给人们的印象都是比较的呆板，觉得就是教师在说教。其实只要思政课的教师用心挖掘孩子身边的思政素材，用心备好每一节思政课堂，思政课也可以成为很有趣的思政课堂！

1.挖掘身边事

思政课堂只有贴近身边的事例，挖掘每个班、每节思政课堂的真实事例，才能让学生喜欢思政课堂。才能更好地在思政课堂融合社会主义核心价值观。如《我认识了您》这一课，教师紧紧抓住"平等"和"友善"两个词语，诠释就算是学校平淡无奇的保安叔叔都可以给你很好的帮助。在这一环节中，教师选取了新开学时，一位同学不小心弄湿了衣服，在保安室等家长来的照片，在保安室，同学安静地等待家长拿衣服来换。保安叔叔对同学小声地安慰。就是这样简简单单的一件事，使我们体会到"友善"一词是多么的宝贵，只有"友善"，我们社会才能"文明"。

2."走心"——只有用心才能上好一节思政课

一节思政课成功与否，关键是看他是否能走进孩子的心灵。走心的思政课能很好地贯彻体现习近平总书记提出的关于思政课的思想精华。

三、课后思——留给孩子思考的空间

一节好的思政课，总会留给学生很好的思考空间，让学生在学中思考做人的道理。如何养成良好的道德品质？如何才能提高自身的道德素养？思政教师可以采用多种方法，结合"社会主义核心价值观"，带给孩子课后思考的空间。

（一）结束语——首尾呼应

前面所说，教师用"社会主义核心价值观"做了一个很好的开头后，老师可以顺势而下，用"社会主义核心价值观"的背诵来做一个完美的结束语。如，在《我认识了您》这一节课中，思政教师在最后就用"社会主义核心价值观"做了一个完美的结束语。

师：让我们一起再来背一次"社会主义核心价值观"的词语，并且回家向爸爸妈妈说说今天的上课内容和哪几个词语有关！谢谢同学们！

（二）课后作业——留给学生思考的空间

在一年级《道德与法治》《我们都是好朋友》一课中，思政教师布置，让我们课后认识更多的好朋友，做"文明社会"中的"文明人"，请同学们在课后"文明"地结识朋友。

家庭教育与学校德育教育的融合

第一节　让孩子在良好的家庭环境中成长

——创造良好家庭环境的基本标准

众所周知，环境对一个人的成长起着重要的作用。良好的家庭环境更是能促进孩子身心的健康发展，使孩子生活在阳光中，充满朝气。良好的家庭环境更是孩子的避风港。良好的家庭环境能促进孩子的成长，增强孩子的自信心，使孩子勇于面对学习和生活中的挫折。良好的家庭环境物质丰富就可以了吗？作为家长应该如何给孩子创造良好的家庭环境？良好家庭的基本标准又是什么？

案例一：小明一年级的时候成绩名列前茅，不用家长操心。但是进入二年级后，小明的妈妈明显地感觉到孩子的成绩在慢慢下降，孩子也不如一年级的时候那么活泼开朗了，而是经常和妈妈说，"我不懂，我不会"。妈妈觉得很困惑，为什么进入二年级后，小明会出现这样的变化呢？于是小明的妈妈主动和班主任方老师联系。刚好方老师也想找小明妈妈了解情况，于是小明妈妈来到学校和方老师进行了一次长谈。方老师首先了解小明的家庭情况，小明妈妈刚开始说，小明的家庭环境非常优越，父母都是双职工，爷爷奶奶在家就是专心照顾小明的起居饮食。方老师从妈妈的谈话中隐隐感觉到一丝的担忧，于是继续追问，小明在家的情况又是怎样的呢？小明妈妈接着叹了一口气，小明家庭环境比较优越，但是家里的爷爷奶奶对他很溺爱，认为满足小明的物质需要就是最好的教育。于是，只要小明需要什么，爷爷奶奶就给小明买什么，慢慢地造成小明"衣来伸手饭来张口"的坏习惯。特别是进入二年级后，课程难度比起一年级有所增加，小明在学习的过程中也不爱动脑筋，怕苦怕累，做练习稍稍有点难度就爱说"我不会做"，不愿意动脑筋，成绩也有所下降。虽然小明妈妈也意识到问题，但是不知道问题出在哪里。方老师继续详细询问小明的家庭情况，了解到因为教育小明的问题，家里爷爷奶奶和小明的爸爸妈妈有不同的教育理念，这更加让小明无所适从。

方老师决定对小明的家庭环境做进一步的了解，她约好小明的家人，趁着小明周末要去上兴趣班的时间到小明家进行家访。方老师了解到虽然小明的家庭物质环境优越，但是在教育孩子的问题上总有不同的教育理念。造成小明做错事喜欢躲到爷爷奶奶的"庇护伞"下，不愿承担责任。于是，方老师告诉小明的家长，健康、和谐的家庭环境是良好家庭环境的标准。良好的家庭环境并不是单单指优越的物质环境，而是给孩子创设一个开心、愉悦、健康、和谐的家庭氛围。方老师首先肯定了爷爷奶奶在照顾小明起居的辛劳，同时也婉转地告诉爷爷奶奶，虽然隔代亲，但是不能惯坏了小明。并且把小明在学校的表现详细地告诉家长，指出小明成绩的下滑以及学习的力不从心都有可能是因为家庭环境造成的，并希望小明的家人能够一起携手创设健康、和谐的家庭环境。并告诉爷爷奶奶和小明家长，小明成绩的下滑，是和家里教育环境有一定关系，给孩子一个安定的环境重要，给孩子一个良好的家庭教育环境才最重要。

方老师回到学校，主动和小明详谈了一次，告诉小明他是一个非常棒的孩子，生活在一个幸福的家庭。但是，小明要珍惜现在幸福的生活，要懂得感恩，感恩父母的辛苦付出，感恩爷爷奶奶的辛苦照顾。最后方老师鼓励小明，要提高自己的自理能力。小明其实也很棒，只要在生活中多思考，多关心家人，提高动手能力，成绩自然可以慢慢获得提高的。

接着，小明的家长在方老师的提议下，召开了一次家庭特别会议，会议的主要内容就是"如何给孩子创造良好的家庭环境"。小明首先说了自己一直以来想说而不敢对爷爷奶奶说的话，爷爷奶奶，我长大了，我希望自己的事情自己做。小明的妈妈也表达了对爷爷奶奶的感谢。小明爸爸最后总结："我们要全家努力，为孩子的成长创造良好的家庭环境。"

案例分析：现代城市家庭普遍都物质丰富，很多家长觉得给孩子创造富裕的物质家庭环境就是爱孩子。但是他们不知道，良好的家庭环境其实最基本的标准是健康、和谐的精神文明家庭环境建设。从案例一来看，小明家庭的情况也是大多数从一年级进入二年级学习的孩子面对的问题。很多孩子一年级的时候，刚刚入学的时候成绩还可以，那是因为那时候有幼儿园的基础，然而到了二年级，没有幼儿园的"老本"可吃了，这时候就需要靠孩子自身的努力还有家庭环境的培养，所以这时候家长给孩子创设良好的家庭环境是非常重要的。

一、正确认识"物质"生活在家庭环境中的"位置"

现在的小学生父母很多都是出生在 20 世纪 80~90 年代，他们自己从小物质比较稳定，因此也想办法给孩子创造稳定的物质家庭环境，这反映了父母对孩子的爱。但是这份爱也是一把"双刃剑"，恰当的物质基础能够让孩子有稳定的情绪安心学习，但是如果无条件地满足孩子的"物质"要求，容易造成孩子从小对"物质"的追求，而忽略了生活的本质。因此我们提倡，家长应该认识到"物质"只是家庭环境中的"基础"，并不是家庭生活的全部。作为父母还应该多给孩子讲讲生活的不容易，父母赚钱的不容易，让孩子珍惜现在的生活。

二、"和谐"是健康家庭环境的基础

一个家庭的"和谐"氛围创造不能靠一个人，更不能把责任往父母其中一个身上推。家庭是大家的，需要大家共同的努力。

（一）家庭是孩子的港湾，是孩子的避风港

家长营造"和谐"的家庭环境，让孩子爱回家、乐回家，有事会找家。

家可以不富裕，家可以简单。但父母应该给孩子营造一个简单、舒适的环境，让孩子从小爱家，爱回家的孩子不会变坏，爱回家的孩子懂得感恩。让家庭成为孩子的港湾，成为孩子的避风港。当孩子在学校遇到不顺心的事情的时候，可以回家向父母倾诉。这时候父母要耐心倾听孩子的话，和孩子一起分析情况，教育孩子遇到问题的时候怎么做。切不可用"孩子小，不是事"来搪塞孩子。

（二）家庭是属于家庭的每一分子，每一个家庭成员都热爱这个家

一个"健康""和谐"的家一定是一个家风淳朴的家庭。家里的每一个成员都互相尊重，那么当这个家遇到风浪时也容易化解。如案例一中小明的家，可以看出小明的父母、爷爷奶奶彼此之间都充满着爱，所以当家庭出现一些小问题的时候，彼此之间都能包容，化解矛盾。又如，小明一家及时召开家庭会议，说明小明的家人都能同心协力，都热爱这个家，都喜欢小明，都希望能尽快解决小明的问题。

三、小明父母的做法让小明的问题得到根本解决，家里真正营造出"和谐""健康"的良好家庭环境

当方老师作为一名有责任心的老师，发现小明出现成绩下滑、学习心理不稳定的情况时，不是"粗暴"地简单批评小明，而是首先向家长了解情况。而这时候小明妈妈的做法和反应也非常及时，她能及时、真实地向老师反映孩子在家的情况，并且积极配合老师，寻找孩子成绩下滑的原因。

（一）小明父母积极配合老师，真实地向老师反映家庭情况

现在有很多家长在教育孩子方面不太容易配合老师，容易"表面一套""做却是另外一套"。比如，嘴上说配合老师，但是其实不愿意把家里的真实情况反映给老师。如果家长经常把家庭环境对老师进行隐瞒，十分不利于孩子的成长教育。

1. 让老师不能掌握孩子的真实情况

有的家长不想"家丑外扬"，或者怕说出孩子的真实情况，怕老师有想法，于是进行隐瞒。这样都不利于老师掌握孩子的情况，让老师及时对症下药。正是小明妈妈积极配合老师，向老师真实地反映小明情况，方老师才能知道小明成绩下滑的根源在于"家庭环境"。

2. 容易让孩子产生"老师的话不重要"，父母也会"骗老师"的想法

这样老师的教育就很难在孩子身上产生效果。有一些父母觉得隐瞒一些家庭情况也没有关系，孩子不知道，老师不知道，不会有任何影响。但是，他们不知道孩子是很敏感、很脆弱的，他们很容易因为一些细微的事情捕捉到不良信息，从而在孩子心灵产生不良效果。如案例中，如果小明妈妈隐瞒和爷爷奶奶在教育小明事情上的观念不同，方老师就不会做这次的家访，就不会促进家庭成员之间敞开心扉，说出心底话，真正解决问题。

（二）小明父母及时召开家庭会议，及时化解家庭成员之间的矛盾

良好的家庭环境都得益于家庭成员之间的包容和谅解。生活总有各种各样的摩擦，关键是家庭成员是否能及时化解矛盾，不让矛盾激化。因此小明父母及时召开家庭会议，是营造良好家庭环境的方法之一，家庭会议让小明参加，就是对小明的尊重，倾听孩子的心声，让孩子有说话的地方。

四、认识我的家

要创造良好的家庭环境，必须认识自己的家，每个家长又是否了解自己的家？

（一）画出我的家

准备一张白纸，全家一起

完成绘画《我的家》。要求每个家庭成员都在这张纸上画一样家的东西，可以是最能代表这个家的一件物品、一个人，但是一定要在这个家真实存在的。画完后全家一起给这幅画再起一个名字。画画是孩子最喜欢的一项活动，绘画也最能表现家庭成员的关系，成功合作画出一幅画能促进家庭成员间的了解。

（二）爱家九宫格

找出创造良好家庭环境的基本标准。家庭成员一起完成"爱家九宫格"这个游戏，一起找到创造良好家庭环境的钥匙。

安定	健康	和谐
文明	良好	积极
谅解	包容	友爱

通过"爱家九宫格"这个游戏，让家长和孩子还有家里的其他成员一起找到营造良好家庭环境的密码和钥匙。

五、认识良好家庭环境的基本标准

家庭环境对孩子的成长有着决定性的作用，家庭环境的好坏对孩子是否能健康成长非常关键和重要。因此，每一位家长都应该重视家庭良好环境的营造，知道良好家庭环境的基本标准。

（一）给孩子一个安定的生活环境

据有关资料统计，孩子在家的时间约占日常时间的二分之一。孩子在童年时期，有超过一半的时间是在家庭里和家人一起度过。因此，给孩子创造一个安定的生活环境非常重要。而这个"安定"的生活环境，并不是指充裕的物质生活基础，而是让孩子有一个"港湾"，让孩子的生活、学习不容易受到打扰。让孩子的身心都能得到充分的健康的发展。

（二）健康的生活环境

现代的家庭生活环境，物质条件丰富了，家里的成年人几乎都有手机等通信工具，孩子回到家，如果看到父母都在玩手机，有的家庭连老人都沉迷玩手机，那么孩子就容易孤单。所以，健康的家庭生活环境是基础。

1. 家长有榜样作用，不沉迷手机游戏

家长在家的时候要尽可能地做个好榜样，不沉迷手机游戏。

2. 健康的家庭环境一定要远离赌博，家里没有不健康的活动

有的家长特别是全职妈妈们，因为生活无聊，容易迷上不健康的活动，如打麻将等，有的还会经常在家打麻将。这样的家庭环境对孩子的成长是十分不利的。打麻将等活动容易涉及赌博，健康的家庭环境一定要远离赌博。

（三）和谐、友爱、包容

良好的家庭环境，家庭成员之间一定"和谐、友爱"，彼此之间"包容"。家是成长、休息的港湾，家是成长的避风港。家是每个人的家。一个家里，每个人都能得到关心，得到包容。每个家庭都不完美，每个家庭都会或多或少有矛盾，因为这是人的天性所决定的。但是每个成员都要努力做到"友爱、包容"，这样才能创设一个"和谐"的家。

如案例中提到的小明的家，妈妈和爷爷奶奶之间的矛盾是不可避免的教育矛盾、婆媳矛盾。但是，小明妈妈不逃避矛盾，为了孩子，她愿意解决矛盾，"友爱"地解决问题。她体谅爷爷奶奶照顾一家的起居饮食不容易，也"包容"爷爷奶奶的一些问题。小明爷爷奶奶的态度也是可贵的，也起了非常好的榜样作用，使家庭矛盾得到有效的化解。

（四）积极是重要的生活态度，是促进良好家庭环境建立的催化剂

一个良好的家庭必然有一个积极主动的家庭氛围，那么这个积极的家庭氛围靠家里的主人翁积极倡导。

六、如何给孩子创造良好的家庭环境

（一）每个家庭成员都有清晰的定位，既分工明确，又互相合作，共同分担生活中的重担

每一个家庭成员都为健康家庭的建立贡献自己的力量。在每个家庭里，都有清晰的家庭分工，如爸爸负责日常开销，妈妈负责日常生活细节，爷爷奶奶负责家务。孩子的教育却是互相合作的结果，每个人都为孩子树立榜样。

（二）定期召开家庭会议

召开家庭会议的好处非常多，可以让孩子从小感受到家庭融洽、和谐的家庭氛围。

1. 家庭会议定期召开，可以是每个学期召开一次，让家庭成员可以把最近开心的和烦心的事情通过家庭这个港湾诉说出来，也让孩子有健康的心理素质。

2. 家庭会议的召开有利于矛盾的及时化解。人与人之间会有不同的摩擦和分歧，通过定期召开的家庭会议可以让这些矛盾得到及时的化解和缓解，如果矛盾不能一下子解决，可以通过多次的家庭会议、多次的协商找到有效的解决方法，不让矛盾深度化，或者积累到一定程度，不然容易发生家庭悲剧。

3. 家庭会议可以由不同的家庭成员轮流主持。每一次家庭会议都可以有一个主题，家庭成员轮流主持，让每个家庭成员都有主人翁的感觉，每一次会议每个家庭成员都必须发言，充分尊重主持人。每一次会议都增加家庭成员之间的了解。

第二节　如何合理地给孩子选择兴趣班
——家庭教育课程设计

活动目标：

1. 让学员认识孩子报兴趣班的原则。

2. 让学员明白给孩子报兴趣班的注意事项。

3. 通过案例分析，学员思考生活中如何合理地给孩子报兴趣班。

活动重点：

通过案例分析，让学员结合生活实际思考应该如何给孩子报兴趣班。

活动准备：

1. 调查表。

2. 醍摩豆系统准备。

3. 小组活动用平板电脑四台。

活动参加者：

一年级家长学员。

活动过程

活动一：课前调查：家长们在之前是否上过家长学校课？

（有的按 1　没有的按 2）

1. 讲师：家长们晚上好，欢迎来到凤凰小学，在上课前，讲师想问问学员们，你们上过家长学校课吗？请拿起你的投票器。如果你曾经上过家长学校课请按 1，如果你没有上过家长学校课请按 2。

2. 学员开始投票操作。

3.（观看统计图数据）从统计图上可以看出，学员们今天是第一次上家长学校课，今天我们就当一名学员，通过今天晚上"如何合理地给孩子选择兴趣班"这一主题的讨论，好好体验一下孩子们是怎样在凤凰小学进行小组合作学习的。

投票－统计图－提取统计图－评奖统计图

活动二：家长体验孩子小组学习模式

1. 讲师出示活动规则：学员们，现在需要你们在小组内，用一分钟的时间完成小组任务（计时器）。

2. 说清加分规则，完成的小组加一分。

3. 最快完成的小组再加一分。

4. 每个小组必须给组长拍照上传。

老师出示记分牌。

小组任务（小组计时，竞赛完成任务）。

（1）小组讨论一个名字（每个小组挑一个人回答）。

（2）小组选出一位小组长（拍照、推送给老师）。

（3）小组选出一位计分员。

老师挑人回答：为什么要给小组起这个名字？

5. 每个小组同时挑一个人，大声说出你们为什么给小组起这样的名字。

讲师：通过刚才的热身活动，学员们应该感受到孩子平时课堂上是如何开展小组活动的，那么接下来，请学员们一起来完成下一个活动。

计时器 – 老师推送 – 小组拍照 – 推送给老师 – 老师提取照片 – 每组抽人 – 计分板

活动三：调查统计：孩子在幼儿园有哪些兴趣班？

1. 孩子在幼儿园的时候是否报兴趣班了？讲师：首先调查孩子在幼儿园时是否报兴趣班了。讲师引导家长回想孩子小的时候是否报过兴趣班。

2. 分别报了哪些兴趣班？组长调查统计，把统计表拍照上传。（两分钟计时）

计时 – 推送 – 拍照 – 老师巡堂拍下积极讨论的小组 – 提取小组讨论的结果 – 抽取一人说 –（两个家长学员抢权）– 加分

活动四：调查学员在哪个阶段最焦虑。（准备：讲师准备好调查统计表）

讲师：刚才了解了孩子在幼儿园的情况，其实孩子到了一年级，大家才会发现，孩子不知不觉长大了，操心的事情也多了，这里有一张统计图，显示全国的家长中，有大部分都是在小学最操心。（教师推送）

1. 请组长拿出调查统计表。

2. 讲师讲解如何使用调查统计表。

3. 讲师把统计表推送给小组，小组完成后拍照上传，讲师推送，发送给老师。

讲师：从统计图上可以看出，家长们在孩子小学的时候，家长们已经有意识地开始给孩子们报兴趣班，那么到了现在，根据统计图，家长们觉得在小学时最焦虑，这种焦虑使你给孩子报了很多兴趣班。

推送 – 统计 – 抢权 – 计分板

活动五：一年级后，你又给孩子们报了什么课程?

1. 小组思考：说说你的孩子一年级报了哪些兴趣班。（挑人）

2. 小组修改：孩子上了一年级后报的兴趣班有什么变化?

3. 讲师：一年级后，孩子的兴趣班发生了变化，请小组统计学员的孩子上一年级后报的兴趣班有哪些。（直接在老师推送的页面填写）

计时器－老师推送－小组拍照－推送给老师－老师提取照片－每组抽人－计分板

活动六：分析给孩子报兴趣班的原因

1. 学员们进行小组讨论，组长收集学员的意见推送（写在白纸上进行推送），每组抽一人回答。

2. 讲师：我也非常同意大家的意见，综合刚才的意见，我作为你们的讲师，也是两位孩子的母亲，也清楚地看到在国家素养教育大环境下，在课外给孩子们报兴趣班，有必要性：

A. 课外兴趣班是对学校知识的有效补充。

B. 课外兴趣班有助于孩子发现自身的兴趣爱好和特长。

C. 课外兴趣班能增强学生的自信心，提高心理素质。

D. 有助于家长之间的沟通交流。

3. 如果大家同意讲师的总结请按 1，如果大家觉得需要补充的请按 2。

4. 讲师小结：是的，孩子到了一年级，可以适当地给孩子报一些兴趣班，但是给孩子报兴趣班的同时，我们还需要注意以下几个原则。

计时器－老师推送－小组拍照－推送给老师－老师提取照片－每组抽人－计分板

活动七：孩子报兴趣班的原则：（抽人读出来）

1. 年龄原则（不要"揠苗助长"）。

2.时间原则（不要占用孩子太多的课余时间，有的甚至影响孩子的休息）。

3.持久原则（尽量不要每个学期都报不同的兴趣班，容易养成孩子"半途而废"的做事态度）。

4.尊重原则（报班一定要尊重孩子的意愿，不要只是满足家长的意愿）。

讲师：每个小组只挑一个原则进行讨论，现在开始进行抢权（组长抢权，组长准备，老师开始进行抢权，抢到的组可以优先挑选要说的原则）。

小组围绕一个原则展开讨论，讲师再抽人发言。

讲师：既然给孩子报班有四个原则，学员们，你们认为哪个最重要呢？请组长组织学员们在平板上进行排序。

讲师把 PPT 推送给学员，组长组织讨论后再给排序。

计时器－老师推送－小组拍照－推送给老师－老师提取照片－每组抽人－计分板

活动八：案例分析——（运用 IES 资源功能）

（案例出示）

儿子今年 8 岁了，平时上课，周末上各种补习班、兴趣班似乎成了这一代孩子的典型生活。我和他爸爸本来不想给他报很多课外班，因为平时上学已经很累了，周末希望他有时间放松一下。可是，儿子从小学一年级的时候就积极要求我们给他报班，说班里的同学都有各种课外班，自己不能落后。没办法，我给他报了滑冰、手风琴、英语。最近，他又让我给他报奥数班，说班里好多同学都报了。

四个班基本一个周末就被占满了。我说给他减掉一两个班，他不乐意。可上完课回来，他就喊累，写作业也磨蹭，感觉他现在也没以前那么乐观开朗了。如果这些课外班不能让儿子快乐，他为什么非要去上呢？

问题：

1.想一想，这位家长忽略了什么呢？

2.你会给这位家长什么建议？抢权回答。

3. 教师小结：学员们的建议很宝贵，但是我希望学员们今天晚上回去和孩子们一起讨论这个案例，让孩子明天把和家长们一起讨论的意见再带回来，希望家长和孩子都能在这次学校课中有收获！谢谢学员们！

4. 引申出报兴趣班的注意事项。

讲师小结：从每个组的排序中可以看出学员们对孩子报兴趣班的重视，对孩子的教育是非常重视的，那么刚才我们讲的是原则，现在我们还要继续讨论给孩子报班有哪些注意事项呢？你认为大屏幕中，哪些元素是我们在给孩子报班时要注意的呢？

A. 安全；B. 金钱；C. 路程；D. 是否有同伴；E. 培训班资质；F. 师资；G. 孩子的精力。

备注：讲师把页面推送给组长，组员讨论后回推送给讲师。

结束语

讲师：非常感谢学员们的精彩发言和表现，转眼一节课的时间到了，希望会员们能把这个案例带回家，和家里的孩子们一起分析，一起帮助案例中的孩子和家长！

计时器 – 老师推送 – 小组拍照 – 推送给老师 – 老师提取照片 – 每组抽人 – 计分板

第三节　"双减政策"下，提高德育课堂
教育教学效果的几点体会

2021 年的暑假，一则"双减政策"的政策文件掀起大波浪。《道德与法治》课程教学及考试等方面的改革给小学的"道法"课堂造成了很大的冲击，高年级学生的"道法"成绩普遍不怎么理想。学生以及家长对此都有看法和想法。如何提高德育课堂的教育教学效果，引起学生的兴趣？这需要在与德育课程有关的课堂上同样也要提升学生的学习兴趣。在"双减"政策下，在日常德育课堂中如春风细雨，渗透和启发学生学习的兴趣和技能也就成了各位德育课堂任课教师在德育教学中需要解决的一个难题。

一、跟上时代脚步，德育课堂教学中也应该充分利用多媒体教学，优化教学结构，提高教学效率

其实，在传统的"道法"教学过程中，特别是五年级和六年级的教学知识点中，有很多比较令学生头痛的、令人难以捉摸的知识重点、难点。用传统的教学方式教学，学生都觉得比较抽象，对知识的认识很模糊，学生难以掌握这些知识重点、难点，但我用多媒体的教学方式把它直观地演示出来，学生理解起来就容易多了。比如，在班队会的活动课《"一国两制"：实现祖国和平统一》教学过程中，对于"台独阴谋难以得逞，'一国两制'的实施必将使（中国）台湾早日回归祖国"这个知识重点，我用了

三段视频和三幅图片，就让学生掌握了这个知识重点：首先播放了一段视频——《中国台湾问题备忘录》，片中主要说了李登辉在1999年7月接受德国记者采访时发表的关于"两国论"谈话，遭到了我国政府和世界上绝大多数国家的强烈谴责（国家反对）；接着我展示了三幅李登辉从德国回到台湾桃园县大溪参加一项地方活动时，突然遭到当地愤怒民众泼洒红墨水，显得十分狼狈与尴尬的图片，向学生说明李登辉的"两国论"遭到了台湾民众的强烈反对（人民反对）；然后，我播放了一段叫作《"一国两制"在香港》的录像，说明了"一国两制"的实施得到了广大人民群众的拥护和支持（国家解决统一问题的方针政策是正确的）；最后，我播放了人民解放军1995、1996军事演习录像，说明我们有信心、也有能力粉碎"台独"阴谋，捍卫祖国统一（客观上我们有能力捍卫祖国统一）。通过这些视频和图片，学生可以比较直观地、系统地学习新知识，当然学习的效果就好了。提高课堂教学的效率是提高学生学习兴趣的捷径。

二、在教学过程中通过各种合理的方式调动学生的学习积极性和主动性

"双减政策"下，家长担心孩子学习积极性和主动性有所下降。练习少了，测试少了，作业也少了，那么如何保持学生学习成绩？其中一个重要的因素是学生自己对学习有兴趣，只有兴趣才能内驱学生能够主动、积极地去学习，把"要我学"变为"我要学"，这样学习的效率就更高了。调动学生学习积极性是提高学生学习成绩的关键，那到底怎样才能把学生的积极性调动起来呢？在"双减政策"实行的今天，可以从以下几个方面着手。

1.上课时教师要把课本上枯燥无味的理论知识变成学生觉得通俗易懂、感兴趣的话题

例如，在讲到环境问题的危害的时候，我引用了珠海斗门农业方面比较出名的"桑基鱼塘"作为分析和归纳"环境问题的危害"的例子。桑树→蚕→鱼→塘泥→桑树……这是一个小型的生态体系，如果各个环节都不出问题的话，这样它们会形成一种良性的循环，我们把它称为生态平衡。

但当其中一个方面出现问题的时候，例如养鱼的池塘水受到污染的话，鱼会死掉，塘泥没有那么肥沃，桑树长得没有那么茂盛，桑叶长得没有那么嫩，蚕吃得没有那么多……此时整个生态体系都受到致命的打击，根本原因就是水遭到了污染，这时就可以归纳出第一种危害：环境问题威胁生态平衡。当这些遭到污染的池塘里的鱼卖到市场上，再给市民买回家吃了的话，鱼身上的毒质就会转移到人体内部，对人体造成伤害，这时候又可以归纳出第二种危害：环境问题危害人类健康。当鱼吸了受到污染的池塘水的时候，鱼可能会死掉，鱼农遭受重大的经济损失；当这些鱼卖给市民吃的话，市民身体健康受到影响，甚至可能导致死亡，导致其他市民望"鱼"兴叹，社会动荡不安。这时候就可以归纳出第三种危害：环境问题直接制约着我国经济社会的可持续发展和人民生活水平的提高。通过这样的教学，学生既对上课有兴趣，聚精会神听老师讲课；又比较容易听得懂，起到了比较好的效果。

2.德育课堂更需要调动课堂气氛，德育教师在上课时既要调动课堂气氛，又要抓好课堂纪律

教学本身是教与学的互动，没有其中一个方面的积极配合，效果都事倍功半。上课的时候，无论老师讲得如何精彩，如果学生死气沉沉，不能积极配合的话，那么老师说的话简直就是"对牛弹琴"。同样，无论上课的老师讲得如何投入，如果学生你说你的、我做我的话，那么老师讲什么都没有用处。那怎样才能既活跃气氛，又抓好纪律呢？作为拥有多年教育教学经验的教师，上课前对学生提出一些具体的要求，先把本节课的要求通过作业软件说在前头，布置在前头，有利于创设一个既有气氛，又有纪律，融洽和谐的教学环境。首先要求学生认识到德育教育真正的目的是什么。这样可以端正学生的学习态度；其次让学生明白德育课程设置的意义，让他们明白今天国内外严峻的国际形势，班会课和队会课、道法课等德育课堂可以增强学生对国际形势的认识，增加学生学习的紧迫感；再次调动学习积极的学生干部的班级工作动力，让他们带好头，增加他们的威信，这样做可以增强学生的集体荣誉感；最后可以在课堂中制定适当的奖罚条例，

既可以鼓励他们积极上课，又可以让他们爱上班会课、队会课、道法课。通过以上的几个要求，确实可以提高课堂四十五分钟的教学效率。

3. "双减政策下"，对老师提出了更高的要求，在教学中，教师除了要绞尽脑汁上好每一节课之外，还要重视教学过程中另外一个重要的环节——课后活动延伸

课后活动延伸不是教学的最终目的，而是提高、检验课堂质量的其中一个手段。通过布置课后延伸，我们可以提高学生的认知能力，加深他们对新知识的掌握和理解；通过坚持课后活动的完成情况，我们又可以检验出教学过程中所存在的实际问题，起到对德育课堂查漏补缺的作用。

要想真正发挥课后活动的作用。关键在于学生能否认真地完成老师所布置的课后活动。那么，怎样才能让学生认真地完成老师布置的活动呢？一个负责任的老师会认识到关键在于我们作为老师布置了什么样的活动给学生。那到底布置什么样的活动才能调动起学生的热情呢？教师布置的课后活动应该符合以下几个要求：

（1）老师应该布置学生有兴趣完成的课后活动。如讲到保护环境这个基本国策的时候，教师布置了一项活动：以3~5个同学（家住得比较近）为一个小组，小组的几个组员利用放假时间尝试找出自己家附近有什么特别值得大家关注的环境问题，然后一起去分析产生这个问题的原因，共同讨论解决这个问题的方法或措施，最后把相关的内容填写到教师预先发给他们的已经制作好的表格里。回到学校后，在教师的指导下把它写成一封建议书，并且把这封建议书寄到有关的部门，促使环境问题的解决。这项很有意义，正因如此，学生都很积极地完成这次活动。

（2）老师应该布置学生有时间完成的课后活动。初中阶段，特别是初三阶段，学生的学习压力比较重，学习的时间比较长，要想让学生每天都保持良好的学习状态的话，必须让学生有充足的休息时间。所以，我们在布置作业的时候不宜太多。布置的作业太多，学生根本没有足够的课余时间去完成，而且还会让学生产生厌倦的心态。如果任课教师对那些没有完成作业的学生使用高压手段的话，那些学生还可能会利用其他学科的上

课时间来完成，这样的话还会损害到其他教师的上课效果，这样的话真是"损人不利己"。

（3）老师应该布置学生有能力完成的作业。教师布置作业的目的是提高学生的能力。作业不适宜太难，如果太难的话，学生不会做，就达不到布置作业的目的了，学生为了完成任务，甚至可能拿同学的作业来抄袭，这样的话就更坏了学风。这样叫作"得不偿失"。

此外，我还注意作业的批改。在批改作业的过程中发现教学过程中遗漏的知识，以做到查漏补缺。

三、增强学生的竞争意识

有些学生在学习的过程中，有时可能会提不起劲来，特别是特别优秀的和特别差的学生更容易产生这样的现象。如何解决这个问题呢？我是通过增强学生的竞争意识来调动他们的学习劲头的。（1）在课堂上或者在平时的课余时间里，我常找这些学生谈话，通过一些激励性的语言来走进他们的心坎。例如，我找优生谈话时会说："你这么聪明，第一肯定是属于你的"；找差生谈话时我会说："天生我材必有用"。通过一些类似的谈话，学生增强了自己的好胜之心，学习劲头也上来了。（2）在班里建立起竞争机制。在班里，对所有有关学习方面的东西都以积分来衡量学生的表现。根据学生不同的表现或表现的好坏，将学生行为分为加分类、评分类和扣分类。例如，上课时能积极回答问题并且答对的，加 5 分。平时作业或者测验，根据分数来评分，分数越高，评分也越高。没有完成作业的就扣 3 分等。而且学生的积分每周公布一次。学生都很关心自己的积分情况，希望可以能拿更高的积分，这样一来，学生都能积极投入到学习中去。

总之，只要我们在平时多花点心思调动学生的学习兴趣和积极性，学生的成绩肯定能得到较大的提升。

第四节　给孩子一个真实的家，
让孩子远离"不健康网络"

——来自"家庭与网络"的案例分析

　　这是一个知识爆炸的时代，这是一个网络时代。我们生活的每一部分都已经离不开网络，网络给我们带来方便、带来欢乐的时候，也给教师、家长甚至社会带来恐惧，我们的孩子应该怎样面对这个网络？我们的小孩怎样才能远离"网瘾"？有很多家长甚至一听到电脑就害怕，不能让我的小孩接触电脑，让他远离电脑。远离就能解决问题吗？让孩子远离电脑就是让孩子脱离"网瘾"的最好方法吗？其实，很多孩子沉迷网络，都是因为一个字——"家"，都是因为没有一个"真实"的家。

　　什么是"真实的家"？由于种种的原因，很多家庭存在各种各样的问题，很多家庭甚至离异了。但是，家长想当然地认为，只有"完整"的家才是对孩子最好的。真的是这样吗？家长自以为聪明的做法，真的对孩子的伤害最少了吗？

　　[**案例一**] 学生黄，是一名五年级的小学生，父母离异多年。但是，父母为了给孩子一个"完整"的家，骗孩子说家长并没有离婚，而且骗孩子说妈妈是到外地出差了，他们以为这是对孩子"最负责"的做法。可是慢慢地孩子喜欢玩电脑游戏，每天不管中午还是下午，放学后他都马上跑去黑网吧上网，并且为了获得上网时间，甚至打车去上网，然后再打车回学校。黄是一名聪明的学生，但由于缺乏家长的管教，不爱做作业，也对学

习失去信心，喜欢打游戏是因为在游戏中能够当"老大"。

教师初步分析：黄是初步迷上网络，但并不是网瘾很深，只要老师和家长密切配合，还是可以帮助黄回到正常的学习生活中。

一、不真实的家，容易把孩子推向网络

在这个案例中，很显然，家长给了孩子一个"不真实"的家，家长以为孩子要的只是一个"完整的家"，他们从成人的角度出发，以为孩子是无知的，以为"虚假的家"能骗得了孩子，其实最终骗的是家长自己。孩子，因为"寂寞的家"，一个"不真实的家"走向了虚拟的网络世界。

（一）寂寞的家，留得住孩子的脚步吗

很多孩子喜欢到网吧上网，都是因为喜欢网吧的热闹，为什么不愿回家？家太寂寞了，这样的家留得住孩子的脚步吗？然而，很多家长发现学生迷上网游后，都特别着急地骂学生，有的甚至认为孩子没得救了，特别悲观。其实，我认为学生迷上网游，家长一定要首先从自身找原因。

1. 没有安全感的家，把孩子送进网络

其实，我们说，孩子不是自己走进网络的，是父母把他送进网络。家庭环境对孩子成长影响很大。如学生黄，他父母离异，父母认为已经把对他的伤害减到最低了，但是大人却没有关心他心里想什么、他真实的需要是什么。他们不明白，黄其实很孤单。家，是那样的没有安全感，那学生黄的孤单从那里得到发泄呢？他就不自然地走进网络。网络成了他的一个港湾。但由于年龄问题，他不善于辨别，不知道这个港湾隐藏着更多的惊涛骇浪，因此，他一步一步走进这个谜一样的港湾，从这个港湾中寻找心灵的安慰。

2. 父母对网络认识的无知，使孩子在寂寞和孤单中钻进网游

信息时代，网络时代，到处充斥着网络，网络世界是那样的热闹。然而，我们中的某些家长还是谈网络色变，认为网络就是洪水猛兽，害怕网

络。于是，把网络之门关得紧紧的，以为可以让小孩远离网络，从而不会网络成瘾。但是他们忽略了孩子是社会的一员，是社会的实体，他们不管怎么样都会接触社会，都会接触到电脑，接触到网络。我们知道，人是有一个逆反心理，你越是把一样东西捂紧，他对那样东西越感兴趣。所以为了拉近和孩子的距离，家长也应该对网络有初步的认识。

也有的家长由于对网络认识的无知，所以放任孩子上网，没有对孩子的上网内容进行了解和监督，有的甚至认为，孩子只要在家里玩电脑就好，总比到外面闯祸要好。但是，他们并没有想到，网络是一个虚拟的现实世界，和现实世界相比，并不缺少什么，作为家长，绝对不能对孩子上网抱着放任的思想。而是既让孩子上网，又采取防范措施，监管孩子于无形中，这样做，其实也同时让孩子感受到父母对他们的爱。

3. 对孩子失望的情绪，把孩子进一步推向网游

家长知道孩子沉迷于上网后，一般来说，都会对孩子进行教育，语气是严厉的，并且把失望的情绪不断地掺杂在对孩子的教育中，给孩子造成极度低落、失望的情绪。有些家长只顾打骂孩子，却忘了告诉孩子怎么做。孩子接收不到正确的信息，只会认为在现实生活中，父母对我那么失望了，父母不喜欢我了，就会更加向网络寻找生活的快乐，所以我们说，家长对孩子失望的情绪，把孩子进一步推向网游，让孩子从网游中寻找虚拟的快乐。

（二）家长逃避的态度，造就了孩子对生活和学习的"逃避"，大家都生活在"不真实"的家中

1. 家长逃避现实

如案例中的小黄父亲，就对生活采取了"逃避"的态度，"逃避"生活中的不如意，认为只要给孩子钱，就是给孩子最大的关爱。甚至以孩子为筹码要挟前妻，提出只要前妻能复婚，孩子就能变好。当然这是家长逃避现实的表现，孩子只能受到更大的伤害。

2. 孩子的亲人"逃避"现实

孩子不单有父母作为最亲的亲人，还有小时候非常疼小孩的奶奶和爷爷。但是，当孩子成长以后，有越来越多的生活中不好的小习惯暴露出来后，小孩的亲人也采取了"逃避"的态度，不管不问，只要不出大问题或者只要钱能解决问题就行了。

3. 孩子本身的逃避，更容易陷入网络中

作为未成年人，还没有足够的心理及自理能力面对生活中的许多问题，他有很多问题想问，很多事情不理解。但是，谁能告诉他答案呢？家长及亲人的逃避让孩子也选择对生活的逃避，孩子在不知不觉中就陷入网络中，特别是不健康的网络中，用网络中的虚拟世界麻痹自己，案例中的小黄就是这样从四年级开始接触网络，五年级就沉迷网络。

二、走进孩子的心，先做家长的工作

作为一名教师，当发现学生沉迷网络，或者喜欢网络游戏的时候，千万不可以轻易地给学生下定论。要像一名医生一样给学生看病，多和学生沟通，首先要走进学生的内心，这样才能得到学生的信任，才能真正地挽救孩子。而要做好孩子的工作，首先要做好家长的工作，走进家长的心，让家长把孩子的家庭情况"坦诚相待"，这样才能最好地做孩子的工作。

1. 了解一个真实的家长

在和家长沟通前，教师可以先多做工作，先从孩子或者孩子身边的同学了解一下孩子家长的真实情况。包括家长的职业、学历、经历、婚姻状况。老师做好准备，当通过"家访""电访"和家长沟通时，就可以做到有的放矢。做好家长的工作往往是成功的一半。

如小黄的家长，妈妈离婚后就到广州打拼了，一个月回来一次，但是她以为孩子一直学得很好，因为她以为孩子的爸爸会给他最好的。当我通过孩子的其他亲人辗转联系到孩子的妈妈时，孩子妈妈的激动让老师感觉到孩子妈妈对孩子的爱。这时候，教师先不要着急于面谈，可以先电话联

系，约一个大家都能充分聊天的时间好好交谈，这样才能了解真实的家长。

但是，小黄的爸爸就比较难沟通，他由于自卑，不愿面对教师，他觉得自己是失败的，失败的婚姻，失败的工作。这是很多爱上网的小孩的家长的共同点，孩子的家长也不愿意面对真实的"家庭状况"。我并没有勉强，而是通过短信留言和孩子爸爸沟通，让他知道老师的目的——为了孩子。

2. 了解孩子的真实成长状况

如学生黄，一开始，我并没有马上批评学生黄，而是详细了解他的生活习惯，他为什么喜欢上网？上网的钱从哪里来？我并没有用居高临下的态度和他对话，而是弯下身，笑着和他聊天。从他的谈话中，我了解到他太缺乏爱了，父母离异，母亲为了他以后有更好的生活而离开他到外面打拼，父亲却因为他母亲的离去而对他不管不顾。我明白了，为什么我多次打电话给他父亲，他父亲的态度却是不着急的。

3. 了解孩子真实的想法

要全面了解孩子的想法和沉迷网络的原因，离不开了解孩子的真实想法。用日记、劳动、和孩子交朋友等方式了解孩子的真实想法，有利于走进孩子的内心。孩子的内心是不同的，每个孩子都会面对不同的家庭，但是，很少有教师想过孩子也要面对家庭问题，甚至于很多家长简单地认为孩子不会想东想西。其实孩子的内心也是复杂的儿童世界。

三、鼓励孩子，勇敢面对一个真实的家

我慢慢思考，我该怎样引导学生黄，让他远离网游。我觉得最重要的是让他感觉到"爱"。他的父母其实都觉得给予了他足够的爱，给他很多的钱，给他电脑，他母亲甚至认为，她的远去都是为了孩子的明天，让孩子的明天更加美好。然而，学生黄却经常觉得孤单，偌大的房子是如此的空空荡荡。他感觉到网游的热闹。再加上他在班上不怎么受欢迎，所以他喜欢玩电脑游戏，甚至觉得家里的电脑速度不够快，一定要跑到网吧才过瘾。

我并没有过多地责怪学生黄，只是更多地找他聊天，还和他的家长进行联系，把学生黄的真实情况、思想状况全面反映给他的父母，和他的父母一起探讨学生黄的教育问题，一起寻找合适的方法，把学生黄引回正常的学习生活。我让学生黄感觉到老师的爱、同学的爱，更重要的是来自父母的爱，我坦诚地对他说："你的父母离婚了，但并不代表他们不爱你，我们一起来发现你父母的爱，好吗？"除了聊天，我还和他父母一起采取多项措施帮助学生黄。我经常及时了解学生黄的情况，一点一点，让他在课余的时间能够为班级出一份力，让他在课余的时间有事可干，我甚至联系了他的奶奶，从亲属方面着手，大家一起想办法，慢慢地，学生黄的心思开始从网络回到学习上，知道他的心思已经远离网游，我也放下心了。

四、鼓励家长，给孩子一个真实的家

　　解铃还须系铃人，要孩子勇敢面对生活，重燃对学习的兴趣，单靠教师的力量是不行的，家长一定要勇敢面对现实，给孩子一个真实的家。这个家，可能非常简陋，可能并不华丽，可能并不有爸爸和妈妈每天在身旁。但是，只要让孩子感受到温暖，孩子感受到一个真实的家，孩子还是会重燃生活的"信心"，远离"不健康"的网络。同样可以感受生活的愉悦。

　　家长，请给孩子真实的爱，让他感觉到现实生活中温暖的爱。

　　迷上网游的孩子其实是最孤单的，最缺乏爱的。正是由于缺乏爱，他们才从网络中寻求爱。他们太孤独了。如学生黄，作为他的老师，和他经过多次交谈，我深深地体会到他内心的空虚和孤单，我的内心也隐隐作痛。他说："父亲总是不在家，只留下唯一会出声的电脑陪伴他，妈妈一个月才看他一次。"和他父亲交谈，父亲却说，我给他足够的爱，他说想要电脑，我马上买回来了。可是，在儿子的内心中，爱只是父母在一起，爱只是父母一起陪他去书店。可见我们的父母，是否能思考一下，我给孩子的是否是真爱？营造一个真实的家，不要让孩子生活在家长的谎言中。

　　有很多家长都认为应该给孩子一个"健全"的家，因此，为了"健全"二字，他们会自以为很聪明地给孩子各种各样的理由。如小黄的母亲，每

周打一次电话给孩子，可孩子却不愿意和母亲打电话，不是他不喜欢母亲，而是他不喜欢母亲的谎言。其实，孩子从一开始就知道父母已经离异了，只是他不知怎样面对，不知道父母为什么要骗他。当我从孩子的一篇劳动记录中发现他早就知道父母的婚姻状况时，我和他的母亲进行沟通，让他的母亲选择一个适合的时机说明一切，其实孩子没有父母所想的那样脆弱，他反而告诉妈妈："我等妈妈对我说等了很久了。"他终于发现生活的真实，他终于看到一个真实的家，但是他没有家长所想的逃避，而是更加勇敢地面对生活。

因此，家长应该树立一个好的榜样，给孩子一个真实的家，让孩子生活在阳光灿烂的真实中。

五、学校可以给予学生家的温暖，学校也能给孩子真实的感受

作为学生，生活的圈子就是围绕着家庭、学校、社会，家庭把孩子推向网游，作为孩子的第二家庭的学校，也应该思考孩子为什么会迷上网游。

1. 学生可以在学校学习真正的网络知识

我们知道，作为城市的学生，从三年级起就设置了信息技术课程，也就是电脑课。我们教给学生的电脑知识是否符合实际？是否引起学生学习的兴趣？如学生黄，他对电脑很着迷，却对电脑课提不起精神，为什么？因为电脑课的知识偏离了他的生活，电脑课的知识在他的生活中他觉得用不上，不能引起他学习的兴趣。而在网络上，学生黄却无师自通，在网游中了解到很多知识，这些知识却是让他觉得在网络、在同学中可以炫耀，让他的自信得到满足。

因此，在学校信息技术课中，可适当增加网络方面的知识，明确教予学生如何上网，如何正确上网，如何在网络中做一个守法的公民。甚至如何在网络中抵挡不良信息的侵害。我相信，如果信息技术课设置了以上那些内容，学生对学校的电脑课肯定更感兴趣，只有引起他学习的兴趣，才能让他真正回归现实社会。

2. 教师与时俱进，做学生的真实的知心朋友

现在有很多教师感叹，说现在做老师太难了，学生心理变化很大，很难做通学生的思想工作。我赞成现在学生的思想比较复杂的说法，但是，我认为学生容易沉迷网络，教师也有一定的责任。首先，孩子的心灵是敏感的，是脆弱的，作为他的老师，我们是否能敏感地意识到孩子心智的变化？如学生黄，其实从开始学会到沉迷网络，已经有一年多的时间了，我在接手他所在班级一周后就发现了问题。教师更应该有一颗敏感的心，关爱学生。认识到学生不同时期不同的心理状态，不同的心理需求。如果学生在家里感受不到家的温暖，他在学校的表现也会有异样，这时教师就要抓住细微，温暖学生弱小的心灵，给他爱的鼓励、爱的教育。

第五节　教育为了让学生成长后能呼吸更自由的空气

——《为了自由呼吸的教育》读后感

　　我早就久仰李希贵老师的大名，最近我有幸拜读了李希贵老师的《为了自由呼吸的教育》一书，它就像是我的一位远道而来的恩师与挚友，与我促膝谈心，循循善诱，娓娓道来，亲切自然，入耳入心，《为了自由呼吸的教育》一书的字里行间充满着智慧，李先生用最朴实的语言，用一个个生动的亲历的教育案例，展现了他的心路历程，揭示了教育教学的本质规律，每每回顾其中的片段，都有不重复的收获在心中。让我明白一个教育工作者最朴实的道理：教育就是让学生成长后呼吸最自由的空气。

　　书中，李希贵老师一再强调，"教育其实很简单：一腔真爱，一份宽容，如此而已。""教育本来挺简单，只是我们人为地把它搞复杂了。把孩子们当作活生生的人来看待，让校园里充满民主、平等，让老师、学生在校园里自由呼吸"，从而"到达心灵之花自由开放的生命田园"。而反思我们的教育，为了提高所谓的学生成绩，我们只顾眼前的利益，把学生大量的时间用在机械重复的作业上，课堂上大量的讲解挤占了学生独立思考的空间，把学生当作接受知识的容器，老师非常认真地在告诉学生真理，其结果呢？老师的辛勤付出换来的是学生学习兴趣的低落。书中有这样一句话，"什么时候孩子们在我们的课堂上学会独立思考了，什么时候孩子们能够探寻属于自己的答案了，我们的教育也就成功了。"这句话很简单，但很有道理，我们老师的任务不应该是告诉学生真理，而应该是引导学生去发现真理。俗话说：差的老师只会给学生带来奉献，而好的老师会教给学生学会真理。

"多一把尺子，就会多出一批好学生。"一直以来，我们评价学生的标准是什么？除了成绩，还是成绩，就是有些学校加入了一些活动、表现、文明等，也只不过给成绩当当陪衬而已，最终还是成绩说了算，成绩好的学生就是优秀的学生，就是拔尖的学生。始终以"成绩"为评价学生的唯一标准，这就如同我们希望用一个模子塑造出千姿百态的产品，其结果可想而知。李希贵老师在书中说："学会用生态的、多元的观点来看待我们的孩子，我们就会发现大树有大树的风采，小草也有小草的魅力。地球正因为生物的多样性，才显得如此生机勃勃、如此美轮美奂。"在生活中教师不要再用单一的学习成绩去评价每个学生，要用多元的观点去看待孩子，要善于发现他们的闪光点，要懂得去尊重孩子的个性、特长，为孩子提供自由广阔的发展空间，让孩子的精神生命能够自由呼吸。通过我们的学校教育，让学生充满自信，充满信心，认为自己是最棒的。这是我们每一个做教师的责任。

我从事小学语文教学已有数十年，对语文教学我也做了很多尝试，可仍未找到语文教学最本真的教学方法。李希贵老师的"语文实验室计划"给了我很大的启发。把课堂还给学生，让阅读充盈学生的心灵，让阅读使学生成长的岁月充满快乐，引领孩子们走进丰富多彩的世界，这是我们每一位教师的责任。广泛的阅读是一种积淀，是一种积累，更是一种应用，阅读不但可以改变教师匮乏、劳累、烦琐的人生状态，而且阅读积累得越多，越是给孩子们攀爬的阶梯搭建得更结实、更长远。多读教育理论书籍，广泛阅读名人著作，丰富自己的知识，历练自己的语言，使课堂教学更加精彩。这一世人皆知的道理，就看谁能坚持做到，做到了，就能让自己在教育工作中自由顺畅地呼吸。我坚信书的力量，因而在班级里，大力提倡学生广泛阅读，并鼓励学生写日记、编故事、写读书笔记、写心得体会等。为学生提供一切自由学习的机会。有时我们碍于领导的检查与监督，顾虑于考试与成绩的压力，不能真正地去实施。语文是学生读出来的，而不是老师教出来的，语文教学课程改革真的需要自由呼吸的教育。

在读到"看来还是老师错了，真是对不起你们了……"这句话时，我感动不已，对照起自己来，我差之甚远。在生活中，我总认为自己是老师，什么都是对的，错的是学生，即使有时候意识到自己错了，也没有勇气在学生面前认错，总觉得这样很丢面子。你错了，就应该向孩子真诚道歉。你认错了，孩子们也会坦承自己曾经的错误；你认错了，孩子们受伤的心得到了抚慰；你认错了，孩子们的心情不再犹豫了；你认错了，孩子们心灵的天空阳光灿烂起来了。看来以后我要重新认识自己，重新认识学生，教师完全可以道歉，教育完全可以在平起平坐的状态下进行，我想这种教育效果肯定会像书中所说的那样"老师，您可不能说对不起，错误也是我当学生的"。

教育是塑造人类灵魂的崇高事业，教育不仅是知识的传播，而且是思想与思想的交流，情感与情感的沟通，生命与生命的对话。教育是造福于他人的同时也使自己获得幸福的伟大事业。我希望我们每一位教育工作者都应该看一看这本书，学学李希贵老师的一些宝贵经验，肯定能够看到教育改革创新的新标杆，通过教育家的今天看到自己的明天。总之，《为了自由呼吸的教育》是一本好书，它让我从中受到了很多启发。我在读书实践中呼吸到了新鲜的空气，也尝试了自由呼吸的教育，但我知道真正实现或拥有自由呼吸的教育是件不易做到的事，我会继续为自由呼吸的教育贡献一份微薄之力。现在让我们怀着梦想，付诸自由呼吸的教育实践吧！

新时代德育与家庭教育的融合

第六节　家庭教育贵在坚持

今天，中国学生的学习生活已经分为两个部分了，学校的学习生活和课外的学习生活，而课外的学习生活主要以培训班的学习为主。在今天的中国，家庭环境稍稍好点的，家长稍稍对孩子的教育有所重视的，都会在课外给孩子的学习生活进行"加料"。放暑假了，小明的妈妈又在想如何给小明的暑假生活进行"加料"了。

明妈和小明商量起来，娃，暑假要学啥？明娃说，什么都不想报。明妈强压着本想发火的内心，嘴上挤出笑容："这学期英语考得不好，怎么样也要报个英语班吧，你的字写那么丑，语文试卷就是因为字写不好被扣分了，再报个书法班，怎么样？"明娃本来还想拌几句嘴，想想，慢吞吞地说，我还想上个乐高班。明妈说："你多大了？三年级了，还上乐高？"就这样决定了，英语和书法班。

晚上睡觉前，明妈和明爸在讨论，也是吐槽吧！暑假报个英语班，怎么样也要一千多，书法班也要一千多，两个班就要两千多，乐高报不报呢？孩子那么喜欢，也一直都在学。明爸说："孩子学三门课程，时间上来得及吗？排得过来吗？"一听这话，明妈就来神了："哎，我们家算报得少了，隔壁的小王报了四门，楼下的迪迪报了七门。"说完，明妈拿起手机，记下小明的各个课程上课时间和地点，做好规划路线图。

想了想，明妈决定给做小学老师的闺蜜小李老师打一个电话，问问她的意见。闺蜜小李老师说，首先从一个老师的角度来看，教育贵在坚持，培训也是贵在坚持，只有坚持才不会让培训课程流于形式，所以我赞成坚持小明的乐高班，不过到了三年级，乐高班可以升级为机器人班。小明妈接着问，那英语呢？老师问，明妈，你能不能和他一起复习呢？明妈说其实是可以的，小李老师回答说，那就对了嘛，其实小明三年级了，如果英语可以自己学，或者家长一起复习，就没有必要报兴趣班。小明妈不解地问，可是小明不听我的。虽然我自己本身英语还可以，但是小明不愿意听我的，反而到外面的培训班还乐滋滋地学习。小李老师说，如果是这样，你可以调整一下教育模式，不要总是责备孩子。明妈说，他考得不好，我就想批评他了。小李老师接着说，你向老师了解过整体考试情况吗？你了解过他考得不好的原因吗？明妈结巴了，没有，没有。我不好意思打扰老师。小李老师叹了一口气，明妈，你的想法是很正常的，也代表着大多数家长的想法。其实作为老师，是非常欢迎家长咨询和了解孩子在学校的情况。不一定是电话，发信息也可以。明妈接着问，小李老师，那你说书法要报吗？小李老师说："书法班可以报，因为是对语文学习的一个提升，但是更加关键的是坚持，不能报了一个书法班，指望孩子在一个假期的学习里就能把书写提升。还是那句话，教育贵在坚持，书法的练习也好，英语的学习也好，甚至是乐高机器人也好，都是贵在坚持。最好是做好一个暑期计划，并持之以恒坚持。书法班结束后，还要鼓励孩子坚持练习，不能书法班完了就不练了。"小李老师接着说，"你是我的闺蜜，我还要提醒，教育贵在坚持，贵在兴趣，贵在支持。学习如果东练一下，西练一门，那最后可能什么都没有学到，什么都是'竹篮打水一场空'了。我们在给孩子选择暑假的兴趣班的时候还要结合开学以后是否能进行延续，如果只是暑假单纯练习一个暑假，效果也是不明显的。到时候你觉得小明的各方面没有提高，又会埋怨小明不认真学，钱又花出去了，心情又会不好的。"明妈听了，大大地"哦"了一声，"是哦，我明天再和小明好好商量，谢谢你，小李老师。""不用谢！"小李老师最后还叮嘱明妈，和孩子一定要慢慢聊，好好聊，孩子已经三年级了，要升上四年级了，已经接近青春期，需要尊重，所以一定要好好聊，慢慢聊。这样暑假才能开启愉快的假期生活。

是的，教育贵在坚持，不管是学校的学习，还是培训学习，都要有坚持的精神作为基础支撑。只有坚持才能结出"教育的果实"。

第七节　用德育小故事提升学生阅读兴趣

——小学德育"用德育故事提升学生阅读兴趣"课题研究实验方案

一、课题提出

1.小故事教学是小学《道德与法治》课程的重要组成部分，是学生德育的重要起飞点。无论对于全面提高学生的道德素养，还是为学生今后的生存发展提供更广阔、更优质的空间都有极其重要的意义。

2.我们通过对我区小学生阅读情况的调查研究，发现在小学生中普遍存在"阅读难"的问题。很多学生不知道从什么地方开始培养阅读兴趣，不知道应该怎样领悟德育活动中的所思和所想。小学生由于年龄的特点，对有关故事的内容特别感兴趣。学生最喜欢阅读的是"故事阅读"，学生最喜欢听的是"故事"，学生最喜欢看的也是"故事"。用"故事"起飞学生的德育"火箭"，用"故事"起飞学生的"心灵"，用"故事"带学生进入"德育大观园"。说学生身边的"故事"，让学生阅读身边的德育"小故事"。

3.随着课程改革的不断推进，德育课程教学改革已刻不容缓。我们认为：改革当前的德育课题必须首先在走进学生心灵的关节上实现突破。德育教学要摆脱过去的"空""大""全"，"空"就是内容空洞；"大"就是德育命题过大；"全"就是要求所有学生按照一个模式阅读。这样的教学扼杀了学生的天真与想象。我们尝试用"故事"打破过去阅读教学的枷锁，还学生真正的"故事乐园"，营造"故事机场"，让学生的阅读能力能够在"故事跑道"上起飞，这样才能真正在德育故事中提升阅读兴趣。

二、理论依据

1.《全日制义务教育语文课程标准》指出："学生是语文学习的主人。语文教学应激发学生的学习兴趣，注重培养学生自主学习的意识和习惯，为学生创设良好的自主学习情境"，要"为学生的自主阅读提供有利条件和广阔空间，减少对学生阅读的束缚，鼓励自由表达和有创意的表达"。只有让学生真正回归到阅读活动的"主人"的地位，使学生心灵自由、兴趣盎然，才能彻底改变阅读教学的现状，实现阅读教学真正意义上的变革。

2.叶圣陶先生指出："心灵活动都是用笔来说话。德育要说真话，说实在的话，说自己的话，不要说假话，说空话，说套话。""凡是干的、玩的、想的，觉得有意思就记，一句两句也可以，几百个字也可以，不勉强拉长，也不硬要缩短。总之，实事求是，说老实话，对自己负责。"叶老还指出：阅读教学的最终目的是让学生"自能阅读，不待老师催"。要实现这一目的，必须重视和激发学生的阅读兴趣，让学生自己动脑、动口、动手，在主动的思考、探索中，逐步提高认识能力和表达能力。叶老曾提出这样一种理想境界，就是使学生"觉得阅读是生活的一部分，是一种发展，是一种享受"，从而产生一种强烈的兴趣。

3.著名心理学家维果斯基指出，阅读教学要设法激发儿童学习德育语言的动机，向他们提出特殊的任务。让儿童形成相应动机的一个方法是激励(不是布置!)他们去写"能引起内心激动的题材"。美国学者克莱默也认为，促使儿童书面语言充分发展的主要因素是语言的创作，即创设一种情境，使儿童感到自己是真正的创作者。他认为如能达到六点要求，书面语言的教学就能产生最大的效果。这六点要求包括运用学生的经验、激励儿童写符合自己需要和感兴趣的东西、学生要勇敢表达、发现生活中的激动场景、充分运用阅读语言、认识生活中有效语言等。

三、课题研究内容

本课题研究的中心内容是：如何科学有序、切实有效地开展小学德育故事阅读教学，并以德育故事为契合点，让学生从无话说、无处说到知道说、有的说，让德育故事成为学生起飞点，教师带领学生进入阅读乐园的金钥匙。

具体内容包括下列三方面：

第一，根据小学学生的情况和德育要求，对阅读教学在学生认知领域、情感领域和创作领域素质的发展进行详细的目标规定，从而确立小学故事阅读教学的训练体系。

第二，根据小学中年级语文阅读目标和小学学科的特点，安排阅读课的内容，内容的安排力求充实、精当、有序，并初步形成一个相对完整的阅读内容体系。

第三，根据小学阅读课的目标内容和学生的特点，探索故事阅读课程的学习活动方式，确定阅读课的教学时间、空间及程序，并在此基础上形成一种切实可行的语文阅读教学模式。

四、课题研究目标

1. 通过实验研究，总结出故事阅读教学的特点和规律。

2. 提出在低年级的"道德与法治"和"主题班会"德育课程中融入"故事阅读"的启蒙教学。

3. 制订三、四年级"小德育"阅读课教学的目标方案。

4. 初步形成中年级实行"故事阅读"阅读教学基本理论。

5. 全面提高实验对象的阅读素养，提高实验班级学生的阅读水平。

6. 促进课题组老师阅读教学素质的提高，为本校造就高水平的德育教师队伍。

五、研究步骤及阶段成果形式

第一阶段

这一阶段的工作中心是根据小学生的认知心理、生理发展、环境发展特点，配合新课程标准编撰的阅读训练体系，以提高学生阅读素养为目的，侧重利用各种故事形式启发学生记录生活中有价值、有意义的事件或感受，并将自己真切的思想和情感了然于字里行间，进行故事素材的积累。

为此，我们初步构建小学故事阅读训练体系：

（1）发现自我。主要分为两个版块：

①建构德育"学生成长档案袋"。为一年级和三年级学生建构不同模式的"学生成长档案袋"，记录学生成长历程中的所见、所为、所闻、所感。

②"日记故事"。以日记形式真实记录自己或者身边人的故事，用简单的故事表达所看和所思。

（2）发现大自然

①"大自然小故事"。让学生走进大自然的德育活动，用自己的眼、手、心去感受、体验并记录大自然生活的点点滴滴，并能把大自然的见闻和"故事"联系起来，编写德育小故事。

②"相片中的环境故事"。关注周围环境的变迁并实时记录，写下感受。

（3）发现身边事

①"家庭小故事"。启发学生关注生活，关注身边的家人，从家庭中发现真实的小故事。

②"朋友故事"。记录发生在自己和同学、自己和朋友之间的故事。

③"集体小故事"。感受集体中的温暖，与同学、与老师等人的交际，记录在集体中的活动和感想（如校运会、元旦文艺会演中的小故事，从演员的角度、观众的角度关注集体故事）。

④"我的课本故事"。用全新的思维解读课本的故事，引导学生从自己的角度，或从崭新的角度思考课文、理解课文，编写新的故事。

⑤"小想象大故事"。积极启发学生把奇思妙想及时记录下来，教师用

网络、微博的形式鼓励学生及时发表"小想象"。

成果：学生成长档案袋、初步生成学生故事素材。

第二阶段

这一阶段的工作中心是在第一阶段的基础上动情、动形、动笔。用"故事阅读"的翅膀引领学生在阅读乐园里起飞。

古人云："情动于衷而形于文。"通过各类活动创造生活情境，让学生在每一次的阅读中经历思考、反省甚至痛苦的解剖，从而在阅读中历练心灵，升华灵魂。

主要分为两个步骤：

①"德育小故事导写"：即教师通过不同故事的导读，进行导写。课堂活动形式如"给照片题字""撰写神话故事""我当故事主角"等。

②"提高课题研究成果，丰富积累"。如"故事阅读小竞赛""竞选故事主角""编写课本剧"等。

成果：进一步丰富学生成长档案袋，结集并在校内出版《学生接力故事集》《学生童话故事集》。

第三阶段

这一阶段的主要工作是对前两个阶段的教学方法做一个系统的探讨、总结和深入验证，以建立一个较为完善的故事阅读教学体系。

主要任务是培养学生的成功愉悦感。即教师尽量创造机会让学生的作品得到发表，让大多数学生体验阅读成功所带来的喜悦。

可在班级内自办手抄报、黑板报、墙报，开设"阅读角"等，让学生真正体验阅读成功、成长所带来的愉悦。

举行"故事阅读观摩会"。邀请实验班的家长参加，学生通过表演、小品等形式展示故事。

学校通过网络、报刊、竞赛等形式推动学生积极参加社会阅读并进行展示，多途径提高学生阅读的自信心。

积极推进课题组成员进行成果交流、探讨、学习、互补，并整合各项资料，把"德育小故事阅读"系统向全校进行普及。

①学校鼓励课题组教师积极参加校内外、课题内外的各项竞赛，鼓励课题组内教师合作编著课题研究资料。

②课题组结集出版《从德育故事阅读起飞》学生阅读集。

③课题形成三节"德育小故事阅读系统教学课"，分别在二年级、三年级、四年级形成"德育故事阅读系统教学课"。

课题成果展示：

1."从'德育故事阅读起飞'"调查研究报告。

2.论文：以"德育故事阅读"为目标的阅读教学探讨例谈。

3."德育故事阅读"教学个案集。

4.学生成长档案袋、学生成果调查表。

第八节 "小学主题班会培养学生主体意识研究"开题报告

一、课题核心概念界定，国内外研究现状述评，选题意义及研究价值

（一）本课题核心概念界定

主题班会是指在学校思想政治教育中，在班主任具体组织指导下，以班为单位，以学生为主体，围绕特定的主题，对学生进行思想道德品质等教育的一种重要手段与途径，也是学生进行自我教育的有效方式。

1. "主题班会"是培养学生主体意识的一种重要模式，是学生德育行为培养的重要起点。包括挖掘素材、编写德育故事、英雄人物故事、寻找主题等，启发学生留心生活、关心身边事，用不同的主题贯彻不同的德育内容，达到提高学生道德品质的目的。

2. 主题班会活动由于主题鲜明、针对性强、内容丰富、形式新颖活泼、寓教于乐、富有时代气息，因此深受学生喜欢，教育效果显著，符合青少年思想道德教育规律。因此，班级主题活动应成为班主任教育学生的有效形式和学生进行自我教育、有利身心的重要途径，是创建良好班集体，营造团结进取的班集体氛围的有效手段。

3.主体意识概念界定。根据杨金梅教授在《求是》周刊上刊载的论文《论人的主体意识》中论述，"人的主体意识是什么？如果一定要用一句话来概括的话，那么我们可以说主体意识就是人的主人意识或自主活动的意识，亦就是要做外物的主人，同时也要做自己的主人、自己掌握自己的命运的意识。"因此，我们认为，学生的主体意识就是学生自主活动的意识，亦就是要做学习的主人，同时也要做自己的主人。那么在主题班会中，学生更加掌握课堂的主动权和话语权。

（二）国内外研究现状述评

1.主题班会是德育课程教育的重要组成部分，是学生行为规范、道德培养的重要起点。它无论对于全面提高学生的道德素养，还是为学生今后的发展都提供更广阔的空间。"主题班会"也是具有我国国情特色的课程，体现了我们国家对"品德教育"和思想教育的重视，那么在其他地区，"主题班会"也以其他形式存在，如在中国香港称为"公民"课程，在美国也有"国民"课程。

2.我们通过对我区小学生德育情况的调查研究，发现在小学生德育课堂中普遍存在"主题班会"教师说的问题。很多学生不知道主题班会的重要性，不知道在主题班会中的重要作用，更不知道在主题班会形成、经过、总结的过程中应该怎样表达自己的思想。小学生由于年龄的特点，对生活中很多事物、主题特别感兴趣。课题的研究就是要围绕学生，围绕学生对主题班会的认识、兴趣，并重视主题班会在学生生活中的作用。

3.随着课程改革的不断推进，课堂劳动教学改革已刻不容缓。我们认为改革当前的主题班会必须首先要打开学生认知心灵的道路。主题班会要摆脱过去的"空""大""全"的框框，"空"就是内容空洞；"大"就是班会的主题过大；"全"就是要求所有教师按照一个模式上课。这样的教学扼杀了学生的天真与想象、扼杀了学生道德形成的道路。尝试用主题班会打破过去德育教育的枷锁，真正让学生敞开心扉，回归儿童世界，抒发真情实感，让德育教育充满乐趣。

（三）选题的意义及研究价值

1.《全日制义务教育品德与社会课程标准》指出："思品是德育学习的主人。思品教学应激发学生的学习兴趣，注重培养学生自主学习的意识和习惯，为学生创设良好的自主学习情境"，要"为学生的自主意识供有利条件和广阔空间，减少对学生道德的束缚，鼓励自由表达和有创意的表达"。只有让学生真正回归到道德教育"主人"的地位，使学生心灵自由、兴趣盎然，才能彻底改变德育教育的现状，实现思品课堂主题班会的真正意义上的变革。

2.必须重视和激发学生参与课堂的兴趣，让学生自己动脑、动口、动手，在主动的思考、探索中，逐步提高认识能力和表达能力。叶老曾提出这样一种理想境界，就是使学生"觉得品德教育是生活的一部分，是一种发展，是一种享受"，从而产生一种强烈的兴趣。

3.著名心理学家维果斯基指出，道德教学要设法激发儿童学习书面语言的动机，向他们提出特殊的任务。让儿童形成相应动机的一个方法是激励（不是布置！）他们去激发内心的震动。

二、本课题的研究目标、研究内容、拟创新点

（一）本课题的研究目标、研究内容

1.培养学生正确的世界观、人生观、价值观，使之形成正确的理想和信念。

2.为学生搭建发展自我、表达自我的舞台，促进学生在活动中提高口头表达能力、思辨能力、组织能力、创造性思维能力以及社会实践能力。

3.进一步培养学生的情感意识、法制意识、珍爱生命的意识、社会主义荣辱观、战胜困难和挫折的意志力，激发学生的自信心和信念等。

4.培养和发挥学生的自主精神，提升学生的道德品质。

5.加强对学生进行思想品德教育与良好的学习生活习惯培养，促进良好班风班集体的生成。

6.在主题班会中不断创新活动的模式，努力形成我校德育工作的特色，促进学校教育教学质量的提高。

一是学生主体意识能初步"得到发挥"。主题班会包括课前课堂和课上课堂，有关的选题就要求符合学生的实际。但在过去，我们很多老师都忽略了对主题班会课前的引导，忽略了学生的生活理解。因此，上好主题班会的第一步就是合题，从小学中年级开始，"多角度"引导学生全面地认识和理解，允许学生根据生活经历和思想合理地理解活动意义。

二是"视角明确"。一堂精彩的主题班会，一定要有精彩的观点和视角。我们传统的主题班会越来越公式化、僵硬化，老师先讲和老师先说等不同的主题班会课堂，很多老师都用"雷同"的教学手法，这样的结果就是让学生在主题班会活动中缺乏"视角"，没有鲜明的"视角"，整个活动就没有精彩的眼睛。要让文章或开宗明义或形象生动地表达自己对话题所设定的问题的见解看法，观点明确，使全文有一个清晰明白且确定不移的中心，并让这个中心贯穿始终，统率所有的材料，有效避免基本观点不明朗等学生参加主题班会活动的通病。

三是"内容充实"。主题班会要线索清晰，细节生动，充分运用对话、动作，学生自主搭建平台，较好地避免满堂教师说的弊病。要让学生有话想说，有话要说，有话要演，有话必会说。解除学生在主题班会上开口不敢说、开口不会说、下了课堂不懂说的枷锁。反对前几年主题班会中"雁过留声"的情况，反对在主题班会的课堂中随意提高难度，忽略学生道德成长的规律。用适合学生生活、成长的材料，让学生在主题班会中能"内容充实"。

四是发挥自己所长，切中发展分的某一个点。在这些年的主题班会课堂中，有的老师为了省事，让学生在活动中要"面面俱到"，其实主题班会只要在内容充实、感情真挚、结构严谨清晰、思想较为深刻等方面有一个亮点即可，我们提倡"一点即感动"，即学生只要有一点精彩，我们就给予学生满堂的"喝彩"，"精彩一刻"并不是一个高不可攀的目标，而是跳一跳就可以摘到的"桃子"。

（二）本课题的拟创新点

1. 变概念为行动。将"学生主体意识"这一很抽象的概念落到具体的行为教学改变中。

2. 对培养当前小学生体现主体意识的研究能很好地与传统的主题班会教育结合在一起，并且使"主题班会"有一个新的起点——以"学生主体意识"为主要课程导向。

3. 在研究的过程中，也探讨教师教育行为的改变和相应的途径与方法，这样，才能切实把"学生主体意识"这个概念体现在具体的研究过程中和教育行为中。

（三）本课题的研究思路、研究方法和实施步骤

1. 本课题的研究思路

研究的对象：一至六年级实验班学生。

拟解决的问题：

（1）主题班会活动的有效性得到保障。

（2）主题班会的活动模式得到很好的创新。

（3）学生的世界观、人生观、价值观有所改观。

（4）我校德育校本课程得到很好的开发。

2. 主要的研究方法：

本研究主要采用文献法、行动研究法、案例研究法、调查法、对比法、经验总结法。

（1）文献法。阅读、查阅、整理相关文献，厘清研究思路，形成初步理论假设。

（2）行动研究法。研究前制订计划，研究中实践计划，观察学生反应，研究后观察效果、反思教学活动、改进教学活动。每一次研究都应该有计划、实践、观察、反思这四个环节。

（3）案例研究法。教师记录课题研究过程中的典型案例，进行分析、反思。

（4）调查法。运用采访、座谈、问卷、一般统计等方法了解、掌握课

题研究情况。

（5）对比法。通过两年的实验，将选定的实验对象和实验班级与其他平行对象和平行班级进行对比分析。

（6）经验总结法。收集、整理课题研究材料，筛选有用的，剔除无用的，然后把有用的材料集中起来进行总结、提炼。

3. 实施步骤

准备阶段（2012 年 5 月—2012 年 8 月）

（1）召开动员会，并组织成员进行理论、文献资料学习。制定课题研究方案，申报课题，开题论证，修订课题方案。

确定研究的对象和实验班级。明确课题组各成员分工，制订课题的具体实施计划。

（2）搜集相关的理论、经验的资料，了解相关研究的进展情况，深入研究相关理论。

（3）研究、整理、归纳各阶段、各层次需要强化哪些品格，设计相应的主题班会和主题活动。

（4）对课题组成员及辅助人员进行培训，成员制订个人研究计划。

实施阶段（2012 年 9 月—2013 年 2 月）

（1）按照事先的分工，各成员根据班会实践活动的主题制订活动方案、设定程序、拟写台词、制作多媒体课件等，交课题组审查、交流。

（2）点上实验：在各级段设置实验点，按计划开展对实验与研究。每学期推一节"主题班会"的全校公开课，体现课题开展的"实在性"。

（3）个案分析：收集典型的案例，调查、分析、论证，总结经验和不足。我校拥有丰富的开展主题班会经验，但是所有的案例、教案都没有进行具体的收集和整理，形成对教学有利的个案分析。

（4）验证调整：在实践中不断验证并修订方法和策略，并组织现场观摩，研讨交流、经验介绍、反思问题、适时总结。在每学期的主题班会公开课后，切实执行"层层分析、层层发现"，即及时召开科研研讨会，及时发放调查问卷，及时收集学生对课程的反映及意见，及时对"主体意识"

的元素进行分析。

（5）中期评估：邀请课题顾问观摩指导课题研究中期情况，并制订下阶段课题研究规划。

（6）调整并完善实验方案后继续开展下一阶段的实验、研究与验证。

（7）对各实验班级的学生思想品德状况跟踪调查，了解两年来的主题班会活动，学生思想品德的变化情况。

总结阶段（2013年3月—2013年9月）

（1）整理两年来课题研究的各项成果，对课题进行全面分析，完成课题结题报告，请专家进行成果鉴定。

（2）组织成果推广会，推广研究成果。

（3）预期价值：本课题理论创新程度或实际应用价值。

①促进了学生发展——在思想上，增强判断正确与错误的能力；在道德上，提高对善、恶的识别能力；在审美活动上，提高对美丑的认识能力等；

②促进了教师发展——学校先后组织"新课程背景下主题班会的设计与组织""如何设计主题班会"和"农村小学学生道德素养教育的途径探析"等专题讲座，结合实际，开展了主题班会课堂教学设计比赛、主题班会课堂教学比赛、主题班会案例比赛和主题班会研讨活动等，教师对主题班会的意义和作用转变了观念，有了新的认识；班主任对主题班会内容的设计和活动组织能力等有了很大的突破和进步。

第九节　小学低年级阅读提升早读和午读"读物"效率的实践研究

一、课题的提出

培根说："读书使人变得充实，讨论使人变得机敏，写作则能够使人变得精确。"一个人的精神发育史就是他的阅读史，把阅读作为"过一种幸福完整的教育生活"的基础，通过推进师生阅读，与伟大的智慧对话，让我们的精神丰富起来，让我们的社会走向崇高，是我们的梦想。

（一）2021 年 8 月，国家教育部出台了"双减"政策文件。为了落实"双减"文件精神，强化学校和班级育人主阵地作用，优化学校内属于课堂内、课堂外的时间，强化学校作为育人主阵地的作用，缓解学生到校的情绪，规范校内时间的分配和运用、增加语文阅读思维的深度，语文教师进行了把早读和午读变成提升学生"读物"数量、质量的一方阵地的研究。全方位、多角度地提高学生的综合阅读水平，助力学生语文思维的全面发展！改变过去学生和家长只重视分数和考试的状况，回归学生的兴趣爱好。语文教师也要抓好"双减政策"出台的这个契机，从"提高阅读思维意识，提升阅读质量，提高阅读效能，保障课后读物延伸，推动家校亲自阅读协同推进，强化早读、午读碎片化阅读时间管理"六个方面，切实落实好"双减"工作，要将此项工作作为学校的常态化工作，要以持之以恒的耐心和锲而不舍的韧劲落实好相关工作要求，积极探索五育并举相结合的课程，

整体规划、系统设计，增强学生综合素质。

（二）根据《语文课程标准》对阅读提出的要求："培养学生广泛的阅读兴趣，扩大阅读面，增加阅读量，提倡少做题，多读书，好读书，读好书，读整本的书，鼓励学生自主选择阅读材料。"小学语文教师应该利用学校可利用的阅读时间提升学生的阅读效率和阅读兴趣。

（三）小学低年段是培养学生阅读兴趣和爱好的关键期，是培养学生阅读课外读物的关键期。小学低年级是指小学一二年级阶段。小学一年级是学生刚入学的敏感期、学习期，也是学生在学校内各项规章制度、各项学习习惯建立的关键期。一年级的语文教师抓住这个关键期，从学生入学第一周开始，充分利用早读和午读的时间，提升学生对课外读物的认识，提高学生对课外阅读的兴趣，进而提升低年级学生对语文学科的兴趣。

（四）早读和午读作为珠海市小学的一道风景线，如果能有效利用早读和午读碎片化时间，那么就能有效提高学生阅读时间、读物内容。语文教师充分利用早读和午读的时间，分段组织学生阅读国学读物、绘本读物等有效读物。

二、核心概念

（一）小学低年级——指义务教育小学阶段的一年级、二年级段；

（二）早读——早读也就是"晨读"，是中华几千年的优良学习传统。"一年之计在于春，一日之计在于晨"虽是古话，但至今仍能发挥举足轻重的作用。尤其是早晨，在人们的日常生活、学习以及工作上都有至关重要的作用。早读是我们同学学习生活中的黄金时间，"书读百遍，其义自见""熟读唐诗三百首，不会作诗也会吟"。古往今来，很多学校、家庭都重视早读。

（三）午读——利用中午上学后，课前的时间进行课外兴趣阅读。

（四）读物——供阅读的东西，包括书籍、杂志、报纸等，释义为用于阅读的物品，常被用于一些文本的正规语言，一般来说指书籍、杂志等物。

在国家"双减"政策下，并不是倡导学生不注重学科学习，而是倡导语文教师引导学生阅读更多有意义的"读物"，如安全学习类读物、生活知识读物、生活技能读物。

三、研究目标

（一）充分研读"双减"政策。"双减"政策实施以来，增量增质不增负担，充分挖掘学校内、课堂外的阅读时间，阅读"读物"的内容，提升小学低年级学生的"读物"学习兴趣。

"双减"政策下，教师必须提升自身的教育教学素养。作为语文教师，只有充分研读"双减"文件，才能抓住教育的核心，提升校内有效"读物"的时间。

（二）提高语文教师对早读、午读等课堂外阅读时间的重视度；早读和午读都是中国义务教育传统的课外阅读时间。改变过去语文教师只重视课内的阅读时间，不珍惜课外的阅读时间，导致阅读量减少。

（三）语文教师充分认识早读和午读的好处：早读的好处很多，能够培养同学的语感、口语表达能力以及好的读书习惯，在一天的时间当中，早晨是我们记忆能力最强的时候，多多读背，有助于我们更好地锻炼记忆力。早读，一方面在于巩固，另一方面在于记忆，而且还能提高个人的精神。早读的投入还可以集中更多的精力，不容易走神，不容易感觉疲倦，提高学习的效率。

早读还可以培养我们的审美能力，朗读是美的，朗读是一种艺术，我们在朗读的过程中可以受到美学熏陶，从而激发学习的兴趣。

早读还有利于身心健康。大声朗读可以排泄胸腹中的郁闷之气，使人神清气爽，在新的一天调整一个良好的状态。同时当老师听见琅琅的读书声，他们的心情也会不错，甚至是心花怒放的。

四、研究内容

（一）学生在学校内的有效阅读，提升学生语文课外阅读的有效时间。

（二）"双减"政策下，语文教师抓住早读、午读等碎片时间，化整为零，提升学生有效阅读的效率。学生在学校的时间较多，有的学生由于家庭的原因会提前来到学校，根据"双减"政策的要求，学校必须做好这部分学生的管理工作，但又不能进行学科的教学。因此，可以组织学生在早读和午读进行有效"读物"阅读。

（三）研究早读和午读的阅读内容。随着时代的发展，学生的早读和午读不能只是"语文书"等教科书。教师可以根据班级的特点和语文教师自身的优势发展更多有效的阅读内容，如"国学读物""绘本读物"。低年级处于刚进入学校的年龄，具有更强的可塑性，虽然他们识字不多，但是老师可以指导他们阅读一些和安全、生活有关的绘本，提升他们想象的空间。

（四）低年级段的老师利用"早读"和"午读"指导学生阅读的"技能"。阅读有几项技能学生是要从小就掌握的，如阅读的姿势、如何阅读书籍，以使学生能顺利进行阅读的"幼小衔接"。

五、研究对象

（一）研究学生，充分发挥学生在早读和午读的"读物"过程中的主体作用。我们主张把阅读的活动过程还给学生，使学生在活动中求得一种主动的发展，确立强烈的阅读意识感。当然，主体作用发挥对象，不应仅仅是在语文课堂里面的学生，而是学生在校内的活动时间，我们都能引导学生热爱"阅读"。以学生为本，充分发挥学生的主体作用，才能使我们的阅读活动取得最大的实效。

（二）研究教师，提升教师的教学意识和技能。要让学生爱阅读，首先教师也要爱阅读，提升教师开展和组织阅读活动的能力，使每天的早读和午读的时间都能有效安排。通过对教师的研究，找出提升"读物"效率的更有效途径。因为教育的痕迹最少，学生最易接受，是潜移默化的影响。

（三）以校为本，研究学校低年级段"早读"和"午读"阅读活动实施的计划和途径。整体规划低年级学校阅读活动工作是落实"双减"政策的一项重大举措，使学校的其他阅读活动都能坚持开展，学校的阅读教学能走上有章可循，规范化、制度化、序列化、科学化的轨道。

六、实施步骤

（一）准备阶段

在课题组各主研和参研人员制订初步实施方案的基础上，课题组制订实施方案并设计评价指标和问卷调查的题目。

（二）实施阶段

1. 问卷调查（前测）：2021 年 9 月进行问卷调查，调查、访谈对象为低年级段语文教师和学生。测试后进行统计检验。

2. 实施方案确立：2021 年 9 在问卷调查基础上确定方案。

3. 实验实施阶段：2021 年 12 月到 2022 年 12 月，时间一年（一个学年）。实验对象为小学一年级、二年级教师和学生。

4. 问卷调查（后测）：2022 年 7 月进行，并进行统计检验。

（三）总结阶段：2022 年 5 月到 12 月据前测和后测的结果，分析、统计形成实验报告。

七、预期成果

（一）初步整理出分别适合"早读"和"午读"低年级段学生阅读的读物内容清单；

（二）学校"早读"和"午读"能更有效开展；

（三）带动学校利用碎片化时间开展更多阅读活动；

（四）形成一篇论文。

第十节 "小学以生态环境保护为主题的 德育实践课程研究"开题报告

一、本项目研究背景

（一）习近平总书记十分重视生态环境保护，频频以妙言隽语生动阐释保护环境和思想政治教育的关系。"环境就是民生，青山就是美丽，蓝天也是幸福。"拥有天蓝、地绿、水净的美好家园，是每个中国人的梦想。2017 年 10 月 18 日，十九大报告中强调，建设生态文明是中华民族永续发展的千年大计，必须树立和践行"绿水青山就是金山银山"的理念，坚持节约资源和保护环境的基本国策，像对待生命一样对待生态环境，统筹山水林田湖草系统治理，实行最严格的生态环境保护制度，形成绿色发展方式和生活方式，坚定走生产发展、生活富裕、生态良好的文明发展道路，建设美丽中国，为人民创造良好生产生活环境，为全球生态安全做出贡献。

（二）生态环境保护课程将会是德育课程一个重要的内容。生态环境保护教育是关系到人类未来的环境，人类未来健康的重要教育。生态环境保护教育的提升有利于提高小学生的环境保护意识，有利于提升小学生对环境保护的重视，有利于国家环境保护措施的推行。

（三）德育课程是学生生态环境保护的主要手段。当前，国家通过多举措推广环境保护，主要手段就是提升生态文明环境保护课程在德育课程的融合和发展。

二、核心概念的界定

在当前重视"立德树人"的德育教育环境下，广东小学的生态环境保护教育是许多研究者关心的研究方向，其中生态环境保护将会是德育课程的一个重要内容。他们对有关环境保护的德育课程的问题进行探讨，对如何加强环境保护内容的德育课程建设的必要性和道德内化问题进行探究，寻求生态保护环境在德育工作中的有效途径，具有重大的理论意义和实际意义。该项研究可以为我省环境保护的德育课程指明发展方向，从而有助于增强小学生的生态文明环境保护的道德意识和道德责任感，提升他们保护环境的道德素质，保证和推动德育课程的全面健康发展。近年来如何在德育工作中加强环境保护教育也是学校和家长关注的热点，特别是现在环境保护的习惯和行为越来越多地影响着人们的工作和学习；同时，环境保护课程也对学生德育活动和学校德育工作成长产生了长期的、连续的、潜移默化的积极影响。在国家大力提倡环境教育的同时，我们应充分认识到学生德育工作的重要性，充分利用网络这一新生事物，引导学生全面、健康发展。

三、国内外研究现状述评

（一）国外现状述评

在外国环境科学中，环境被定义为"环境是以人类为主体的外部世界，即人类赖以生存和发展的物质条件的整体，包括自然环境和社会环境"。（出自《百科全书》）环境保护作为一个明确和科学的概念，在1972年联合国人类环境会议上被提出。《人类环境宣言》明确指出："和平、发展与环境保护是相互依存和不可分割的"，"为了实现可持续发展，环境保护工作

应当是发展进程的一个整体组成部分，不能脱离这一进程来考虑"。环境保护这一术语被广泛应用，环境保护工作也越来越受到各国的重视。许多国家的环境保护课堂都规定在必修课中。

各国和国际环境保护法的创立起到了积极作用，比较有效地控制了污染，改善了环境质量，推动科技进步和经济的健康发展也走进了中小学课堂，国际环境法的建立和各项政策的实施对全球环保事业都有巨大历史贡献。

国外有关环境保护也还存在着一些问题，如环境保护法大多关注大气、水、土壤等环境要素，忽略了跨环境要素的污染。

（二）国内研究现状述评

中国是世界的文明古国，历史源远流长。很早以前就提出了"天人合一"的哲学思想。把保护自然与利用自然结合起来，这是一种积极的环境保护观。只有遵循自然生态规律，才能实现人口、资源、环境和经济社会的协调持续发展。中国是一个负责任的大国，一个负责任的国家必然要有负责任的公民。我们不仅要倡导低碳生活，更应该主动践行低碳生活。因为人类只有一个共同地球，选择低碳绿色的生活方式是我们共同的责任和使命。

但是，我国把环境保护纳入德育课程是在近五年才开始的，标志着我国从教育上重视环境保护，明白环境保护要从娃娃抓起，如果学生不能从小接受环境保护的教育，那么就会降低对环境保护的认可度。

四、选题的意义及研究价值

随着地球环境的不断恶劣，随着习近平总书记发出"金山银山不如绿水青山"的环境保护倡导，让中华人民共和国的每一位公民了解环境现状，认识到环境问题的严重性已显得如此迫切。对于在校的中小学生来说意义更加重大。对于教育前沿的德育教师来说如何在德育课程中以环境保护教育为主题是非常重要的实践与研究。一是小学生要从小知道资源、环境对于人类的重要性，增强爱护资源、保护环境的思想观念，产生节约使用资源、保护环境的思想意识。二是小学生如何从小认识资源使用、环境变化状况以及带来的严重后果，增强爱护资源、保护环境的危机感和忧患意识，产生爱护资源、保护环境，学习先进科学技术，使国家富强跻身世界之林的精神动力。三是通过德育课程的学习，使小学生能克服浪费资源、破坏环境的小毛病，养成良好的爱护资源、保护环境的习惯，形成爱护资源、保护环境的广泛的社会力量，促进环保事业的快速发展和经济社会健康发展，造福人民。同时通过小学生的行动影响更多的人参与，感动身边更多的人，扩大影响的力度和范围，让学校教育影响家庭，让家庭教育影响社会。同时，通过这项活动的开展能培养学生良好的行为习惯，促成学校养成教育的培养，提升学生的综合素质，也努力实现了新课改的目标。

五、项目准备

本课题研究的成功都是因为课题成员有丰富的研究经验。

本项目负责人及项目组主要成员前期相关研究成果。

（一）项目组成员前期查阅了相关文献资料。

1. 习近平主席对生态环境保护的重要讲话。《习近平谈治国理政》（第三卷）增强项目立项的理论基础。

2. 项目组成员查阅、熟悉青少年保护环境有关文献资料《青少年环境保护手册》；熟悉国家环境保护方面的法律法规《中华人民共和国环境保护法》颁布的各级有关环境保护的法律法规：1989 年 12 月 26 日颁布了《中华人民共和国环境保护法》，1997 年 3 月 8 日又颁布了"把环境保护工作纳入制度化、法治化的轨道，不断完善环境保护法律体系"，还有诸多的法律法规，使环境保护和节能减排有法可依，有法必依。

（二）项目组成员前期完成了和"生态环境保护"有关的调查问卷，为项目的成立提供事实基础，调查包括：

1.《学生关于环境保护知识认知度调查问卷》。

2.《德育教师对主题班会认知调查问卷》。

3.《主题班会主题调查问卷》。

（三）问卷调查结果

1."认知"一项的优秀率 50%，良好率也有 27%，说明绝大部分学生环保知识贫乏，不能深入理解破坏环境的危害性，不了解人与环境的关系（即生态文明的关系）。这也是当前一些小学生环保意识淡漠的主要原因。因此，我们在项目推行中可以设想"调动学生多种途径接收环保信息和环保思想熏陶，促进环保意识的形成"是具有一定的科学性的。

2."情感"（即是否认可生活中要保护环境）一项优秀率仅仅为 40%，与"行为"一项的优秀率形成鲜明对比，说明促进环保意识形成的关键因素是"促进情感的内在"，使学生对美好环境的热爱之情升华为保护环境的自觉行为，因此项目研究的关键是促使德育主体产生自觉的行为。

小学德育课程基本以主题班会、主题队会、思政课堂形式建构，学校都能做到按时开展主题班会。但是德育主题班会存在以下问题需要继续研究：

（1）小学以生态环境保护为主题开展的主题班会不足，一学期只有一节。

（2）学生对环保知识的认知获取途径较少；校园文化宣传对环境保护宣传不足；德育活动较少以生态环境保护为主题。

（3）主题班会各主题之间缺乏融合，学生接收环境保护信息单一。

（4）小学生环保意识不强，需要通过德育课程、德育活动进行渗透。

（5）德育教师对小学以生态环境保护为主题的德育课程资源不足，因此建构和研究小学以生态环境保护为主题的德育课程很有必要。

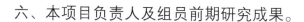

六、本项目负责人及组员前期研究成果。

项目组负责人卢慧婷老师获得香洲区名班主任工作室主持人，并且是学校的思政科组长，二年级组长，能够带领工作室成员完成项目的研究；卢慧婷老师多篇德育论文发表在国家、省、市级的刊物上；项目组组员邓坤校长是小学德育高级教师，有丰富的项目研究经验；申凤老师获得"一师一优课"国家部级思政课优质奖；珠海市香洲区《道德与法治》课一等奖，申老师还是学校级组长；麦盈盈老师是学校综合实践科组长，也是班主任，能够把主题班会和德育活动融合在一起。

七、项目设计

（一）本项目研究目标、研究内容（包括重点、难点分析）和拟解决的问题

（1）本项目研究目标

①通过课程研究和实践，逐步形成以"生态环境保护"为主题的校园文化。培养师生爱护生态环境，保护生态环境意识和能力。

②建立、健全新型的德育环境保护课程体系，体现和提高学校德育课程的针对性和实效性，初步构建一个开放的、互动的、针对性强、实效性高的生态环境保护德育课程模式，进一步开创德育工作新局面。提升学校的德育课程本学水平，从而逐步探索建立校本特色的以生态环境保护为主题的德育课程创新模式。

③通过研究和实践，提高思政教师、班主任的德育课程专业素养，实现教师的教学方式从传统德育课程向开放式的德育课程进行转变，提高德育课程的效能、主题性与方向性，使小学一系列环境保护主题德育活动焕发出生命的活力，带动小学其他德育主题课程教师的成长和发展。

④通过研究和实践，引导学生养成良好生态环境保护生活习惯和学习习惯，让学生经受现代化进程的冲击和"洗礼"的同时，增强对破坏环境

的不良现象的抵御力，从而促进学生在生态文明和环境保护的道德护航下能健康成长和全面发展。

（2）本项目的研究内容

①小学德育课程有关生态文明、环境保护、低碳生活方式内容的调查与研究。

②小学生在保护环境、倡导低碳生活方式方面的必要性和可行性研究。

③小学在德育课程中以保护环境、倡导低碳生活方式为主题实施的内容策略与方法研究。

④小学德育实践能力和综合素质培养途径的研究。

⑤小学德育课程中环保理念教育的实践与研究。

（3）拟解决的问题

①让小学生通过德育课堂更好地了解我国环境现状，认识到保护生态环境的重要性，通过德育课堂渗透环境保护的思想意识。使学生从小就有环保意识，并在生活、学习、社交等活动中自觉约束浪费的不环保行为。

②建构低年级段、中年级段、高年级段的德育环保课堂架构；让环境保护课堂进小学成为德育课堂的常态。打破过去只有"地球日"的时候才有环保班会主题课的旧模式，让生态文明环境保护主题班会形成特色德育课程，每个月均能开展一节以小学环境保护为主题的德育课堂活动，并恰当延伸到德育活动。

③提高小学以生态文明环境保护为主题的德育课堂的融合性；除了以环境保护为主题的德育课程外，在其他主题的德育班会、德育课程都进行适当的环保渗透。使学生从小就有深刻环保意识。

④小学师生更加深入地了解"防止污染、节能减排、低碳生活、资源节约型环境友好型"等知识，能够更好理论联系实际地在德育课程教学中进行应用。

⑤多渠道培养学生良好的行为习惯，开展养成教育，提升学生的环境素质和综合实践能力。

（二）项目拟采取研究方法及可行性分析

（1）本项目拟采取研究方法

①教师学习理论知识与实际践行相融合

第一阶段："磨刀先行"，注重德育课程理论知识的学习，邀请项目组的专家来为本班主任工作室成员做专题报告；组织工作室的凤凰小学、云峰小学、广生小学等教师进行学科德育理论的学习和讨论；组织实验校教师和学校德育教师积极参加市级、区级教研、培训，主动到联盟学校交流理论知识。第二阶段：根据总项目组指导意见以实验校为点向工作室成员所在的学校辐射进行德育课程的教学实践研究，在实践中进一步理解理念。第三阶段：积极提炼实践中的经验和值得推广的方式方法，认真总结实践过程中的得失，形成操作层面的经验，向区域推进德育课程提供经验。

②教研与培训相结合

在班主任工作室教研活动中结合德育课例、主题班队会课例对教师进行培训，让教师分组研讨，实现研训多体化。积极推广实验校主题德育课程的实践经验，如请这些学校进行公开展示研讨活动、讲座、培训等。将研究课作为主题班会课例、主题队会课例向全区教师辐射学习研讨，成为学习新理念，物化新理念的一个载体。教师们在研讨中进行新旧理念的碰撞，擦出智慧的火花，获得"不仅知其然，且知其所以然"的效益。

③试点与辐射相结合

以点带面，点面共进。我们以实验校为试验点进行定期的研讨活动，研究学科德育实践过程的各类议题。同时积极发挥基地校的辐射作用，每次基地校活动都邀请面上的学校共同参与，共同研讨，向面上学生推广学科德育实践中的成功经验。

④教研与科研相结合

争取研究遇到的典型问题通过选择与聚焦形成子项目，人人参与项目研究，以科研推动主题德育课程的时间与研究。并通过一系列论文、德育案例评选活动和科研成果的推广，鼓励教师走教研一体化的道路。

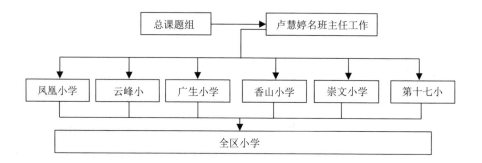

（2）可行性分析

①项目组成员具有承担研究工作的学历条件和实际工作经验，项目组主持人成立了名班主任工作室，并曾经主持广东省德育"十一五"规划项目"小学德育课程教学方式研究"并顺利结题，还曾主持珠海市教育科研项目《小学主题班会培养学生主体意识研究》并顺利结题，项目组成员都长期在一线教学岗位，其中多人长期担任班主任和副班主任，坚持每周召开班级主题班会，具有基层实践的基础；项目组的成员都曾在国家级、省级、市级发表高质量德育论文，都曾在省、市区级的论文比赛上获奖，具备一定的教育、教学理论基础。

②本次项目研究联合珠海市香洲区南湾联盟学校一起进行项目研究，拓宽项目的可行性，使项目研究的数据更有说服力，使德育课程更具有实践性，增强研究的条件，打破单一学校研究所带来的局限性。

③能提供本项目研究的资源、经费，从物质上给予保证。

④项目组成员事业心强，有较丰富的现代教育教学理论知识和较强的项目研究能力。

⑤学校有规范的科研管理制度，能保证项目研究有序进行。

（三）本项目主要特色及创新之处

1. 此次研究的项目是跨校、跨联盟、跨层次教研，它涉及六所不同的学校，有小学生环境保护和低碳生活教育的研究，也有以环境保护为主题的德育课程的实践与研究，在众多的德育课程中阐明了"生态环境保护"的主题，使项目更有可操控性。

2. 德育课程体系是本次项目研究的对象，因此，学生是德育课程的主题，也是进行此项项目研究的主力军、策划者、实施者，同时，也是项目研究成效高低的体现者。

3. 在研究方法上进行了创新，敢于大胆地把德育课堂室内和室外相融合，充分调动各学校的环境保护资源丰富德育课程的内容，敢于拓新德育课程既培养了学生的创新思维能力，又调动了学生观察环境变化的能力，及时认识保护环境的重要性，并坚定在新中国新时代下，为创造美好新生活而奋斗的决心。

4. 教师与学生、家长一起走出课堂，走进家庭，走进社区，通过亲身实践和体会获取第一手资料，理论联系实际，达到很好的研究效果。

（四）本项目预期的研究进展（包括研究时间及阶段性工作要点）及研究成果

（1）本项目预期的研究进展（包括研究时间及阶段性工作要点）

①准备阶段（2020.9—2021.8）

a. 组织学习与生态环境保护主题德育课程相关的理论著作。

b. 资料收集员利用网络、图书阅读等途径进行相关的文献资料的收集整理，并及时在微信群上进行分享，督促项目组成员发表资料阅读后的感想和思想交流。

c. 组织项目申报，确认申报项目的具体方向，并根据申报方向请教市区有经验的教研专家，确定项目题目；

d. 项目组成员及分工，提出项目研究计划，制订项目实施方案，开展培训活动。

e. 制订项目实施方案、研究计划、管理办法。

②实施阶段（2021.9—2022.8）

a. 根据实践调查撰写开题报告，制订研究总规划和阶段计划，制定工作目标和推进措施。

b. 对项目组成员进行培训，学习有关理论和先进经验，进行文献资料的收集及相关调查。

c.组织有关人员学习方案、理论培训，通过查阅资料、调查分析比较网络环境下德育的现状。

d.调整学校能适应网络环境下的新型德育工作队伍。

e.创建学校德育网站，开展网络环境下针对中职生的德育实践活动。

f.各项目成员收集整理撰写论文材料，并拟定论文的雏形，开展阶段性成果汇报。

（3）总结阶段（2022.9—2022.12）

a.对本项目的实施进行反思、总结，完成项目完成报告。

b.梳理、整理相关资料，提升理论和经验推广，接受项目鉴定组的评估验收。

c.召开研究成果总结会，向学校领导汇报科研情况，进一步提高科研意识，以科研促教学。

（2）研究预期成果

①通过问卷星家长和纸质问卷（学生）的调查方式收集学生在环保德育课程学习中的收获及成长过程资料。为研究成果打下数据基础。

②参与研究的老师负责一个年级的环保概念德育课程研究小分支，保证课题研究能覆盖小学义务教育的各个年级。

③形成典型环境保护德育课程案例，并能形成案例集。每个年段的教师要制定一个生态环境保护课程的教学设计，包含德育的不同课程和活动（道法课程、主题班会、德育讲座等）。

④参加研讨的教师在主持人和专家的引领下，最终形成每个课题小组成员至少一篇和课题有关的德育课程论文。

⑤以点带面，形成小学环境保护德育课程体系，班主任保证并能上好每个学期的生态环境保护德育课程。

⑥《小学以生态环境保护为主题的德育课程》书籍的出版。完成本项目的保障条件（如配套经费、所在单位条件等）。

（五）本项目组具有开展教育科研的实践基础

（1）项目组的研究成员来自珠海市优秀的小学，包括工作室主持人、优秀中队辅导员、先进工作者等荣誉称号。

（2）项目组成员都是教育第一线工作者，并且都是德育第一线，有丰富的德育工作经验和研究经验，项目组里有学校的思政科组长、年级组长、德育干事，综合实践科组长等，都能对项目的实践和摸索及时总结经验。

（3）本项目组成员具有开展项目研究的丰富经验，项目组成员先后承担广东省"一二五德育"项目子项目的主持人，并顺利结题。主持人各组员都有大量的德育研究成果。

（六）具有开展教育科研的队伍基础

本项目组的主要研究成员由名班主任工作室主持人挂帅、主管德育的德育干事、各年级组长，思政学科组的科组长，全部具有大学本科以上学历和中学高级、中级教师职称，多人先后承担并圆满完成国家、省、市下达的项目研究任务，其论文多次在国家各类评比活动中获奖，并有多篇论文在报刊书籍上发表。项目组还将聘请有经验的教研员担任项目研究的顾问，组建由教育专家、学校领导、学科带头人、优秀教师、教坛新秀、名教师组成的科研群体。确保项目研究得到科学、协调、顺利的实施。

（七）项目研究的措施保障

（1）专家培训引领、夯实理论基础

通过邀请专家做报告、教师大会、骨干队伍学习班、专业部会议、教研组活动、教师自学等形式，开展校际培训，学习课程开发理论，拓宽眼界，提高思想，形成共识；调动项目组的几所德育教师开发德育课程教学方案开发研究的积极性和自觉性。

（2）丰富资料设备、建立网络科研平台

配足配齐资料设备，建立网络科研平台。我校是广东省"粤教云"实验学校，已构建了校园计算机网络，各教室均配备有多媒体教学平台，现代化的教学设备较为完善，可以充分利用这些现代化教育教学设备完成这项研究；有全国先进的"云教室"。

（3）加强科研管理，提供制度保障

项目组在前期准备的过程中已经制定了项目组管理、学习、研讨和激励制度，定期组织现场观摩交流活动，开展论文、课例评比，展示优秀成果和先进经验，以保证项目研究的顺利进行并完成预期的阶段性成果。

（4）提供科研经费，给予财力支持

学校现计划投入该项目研究经费 26000 元。前期调研、开题报告 2000元；实验、考察及配套相关资料设备 10000 元；成果收集、印刷、录制8000 元；召开结题验收报告会、表彰先进 6000 元。我校将设立专项科研经费，提供财力支持，确保研究计划顺利完成。

用新德育理念提升学校管理效益

第一节　良好的学校德育管理
推动新德育课程的发展
——推动教育技术联盟发展，促进联盟学校共同进步

为了推进区域基础教育发展，首先从信息技术多渠道推进区域的教育发展。优秀小学与区域小学结成办学联盟，以点带面，提升区域教育资源。

一、优秀小学与区域小学联盟教育治理的发展目标

根据教育局制定的文件中所述，通过构建"1+1联盟校"办学模式，积极开展"联盟办学、内涵发展"的探索实践，努力实现南湾教育"一年打基础，两年出洼地，三年见成效"，促进小学教育全域优质均衡发展，努力将香洲教育打造成为粤港澳大湾区建设前沿有一定影响力的教育高地。希望将小学教育打造成为没有教育洼地、教育均衡，拥有平等的教育资源的基础教育地区。

二、区域小学发展现状分析

（一）地理位置及生源

区域小学地处城镇的交界处。一条珠海大道在区域小学旁边通过，生源多为外来务工人员子女及周边城中村的孩子。特殊的地理位置造就区域

小学的生源在区域基础教育的小学中不是太理想。学生的素质和家庭有很大关系，学生的家长很多都是务工，平时忙于生计，希望孩子能平安读书就好。而由于一部分的生源来自城中村广生村，村民则表现出不会教、不懂教的思想，把孩子都丢给学校，丢给老师。如果老师向家长反映问题，家长们表现出来的态度大多就是无可奈何。

区域小学某班的学生小何，父母在区域小学附近的小食店打工，家里还有兄妹两个。父母从重庆来到珠海打拼。小食店经常要加班加点，小何放学后要等比他大两年，正在区域小学三年级就读的姐姐回家做饭。渐渐地小何养成不爱做作业、喜欢看电视上的小视频的习惯。老师到小何的家开展家访，希望家长能抽时间陪伴小何，不要让小何沉迷电视的小游戏、小视频。可家长却说，生活的压力使他们不得不在小食店多加班以换取生活费。因为房租、孩子的学习、家庭生活开支都需要钱。老师希望家长只要多问问孩子作业完成没有就可以。家长回答，孩子只要平平安安成长就好，孩子快乐就好。小何读小学时第一学期期末考试只有53分。

区域小学某班有一个城中村的孩子小方，上课不认真听，戴着电话手表到学校上课，虽说是电话手表，可是功能强大，能上网，能购物，有两个摄像头。班主任和家长联系，希望家长注意孩子的电话手表使用，不要让孩子带到学校。可是家长却表示这没什么，只要注意一下就好。接着老师反映孩子在学校不爱学习等其他问题，家长表示，家里有几栋房子收租，孩子在学校只要平平安安就好，其他都不重要，如果不出什么问题，家里的几栋房子的租金完全能让孩子长大后过上好生活。

这两个孩子都反映出区域小学的生源存在一定的问题，和其他学校的生源结构存在一定的差距。这就造成区域小学的老师付出多，收获少，容易产生沮丧的心情。

（二）区域小学师资力量不稳定

1.如前面所述，区域小学地处城镇接壤的地理位置。南湾片区的教育不均衡使区域小学的教师为了自身家庭环境或者孩子的入学都会思考能否流动。教师心思不稳定造成教学之路没有长远的规划。

2.由于历史原因，区域小学有部分"老资格"教师。"老资格"教师容易滋生"教育惰性"，仗着自己有经验，快退休，不愿意在教育、教学，特别是信息技术方面多下苦功或者向别的学校老师请教，喜欢"故步自封"。

3.年轻教师容易缺乏"安全感"。年轻老师起跑线和城区小学教师是一样的，但是由于历史原因，职称、岗位设置造成年轻教师有紧迫感，没有成长动力。年轻老师容易产生消极思想，工作多年，职称评比不容易，可能连评的资格都没有。

（三）特殊的地理位置形成了区域小学有着和其他学校不一样的教育教学特点

1.学生坐校车上学和放学居多

孩子课后辅差较难。因为学生必须及时跟着校车离开，老师们都不敢利用放学后的时间进行辅差。

2.学生在校午托居多

在校午餐、午休增加学校安全、卫生、防疫等压力。

3.学生课余时间较多

由于父母及家庭经济等原因，学生课外特长少，主要靠学校教师挖掘和培养。

4.学生作业完成度较低

每个班都有几个学生会长期不完成作业，需要任课教师催交作业。

5.学生作业改正率较低

由于家长和学生对作业完成的认识度不高，如前所说，都认为可有可无，所以学生的作业完成度低，更为直接的表现是学生作业错误率高，改正率低，需要任课教师多次催促改正，个别学生甚至用"乱涂乱画"来应付教师的批改。导致学生成绩较难提高。

"难辅的课后"。小章读区域小学二年级，因为数学基础比较差，数学作业经常不能完成，而当老师评讲完作业后，小章还是不愿意改正。中午

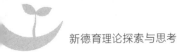

午托的时间不能占用改正，数学老师就想是否利用下午课后的时间对小章进行课后辅导。但是，每次当数学老师找到小章时，小章都背起书包准备坐校车回家。数学老师尝试打电话给家长，问是否能亲自来接小章放学，让数学老师课后辅导一下小章的作业。小章的家长却无奈地表示，由于工作繁忙，没办法接送小章，小章必须坐校车回家。而且家长也表示，小章回到家后一个人在家，回到家就开始玩电脑游戏或者看电视，非常不自觉，可是家长对这一切也没有办法。数学老师只好无奈地放弃课后辅导的想法。

（四）区域小学现阶段发展的优势

区域小学是一所有悠久历史的小学，从它的前身"南屏镇区域小学"就可以看出来。因此，进入 21 世纪，经过政府的重视，人们生活水平的提高，区域小学也逐渐形成了具有自身发展教育的优势。

（1）区域小学校园广袤。区域小学除了拥有一个足球场、两个篮球场还有劳动教育基地和亭台楼阁。每一个教育教学设施都在历任校长的重视下体现出"区域文化"。每一间区域教室都有浓浓的"区域味"。"亦古亦雅"的装饰无不告诉学生和访客，区域小学是一所有文化内涵的小学。

（2）区域小学近几年在珠海市政府的大力支持和扶持下，信息技术的硬件和软件得到提升。在珠海市政府的政策支持和鼓励下，珠海市香洲区教育局对片区学校做出大力软件及硬件上的支持。

教育教学资金优先投放到以区域小学为代表的南湾片区学校，提升学校校园环境及硬件设施的及时更新。近两年，在教育局的关怀和支持下，区域小学的校园环境有较大的改善，包括：

①操场等体育设施的更新。区域小学的足球场已经全部更新为塑胶跑道及塑胶球场，使区域小学师生能够有足够的运动场地。

②教学楼的更新。从 2019 年开始，在政府资金及政策的支持下，区域小学先后翻新了两栋教学楼，新盖起了一栋教学楼，大大改善了学生的学习环境。学校还对报告厅、食堂等设施进行了翻新。

③师资配置的适度倾斜。从近几年开始，教育局有意识地向片区学校倾斜优秀的新招聘教师。每学年均配备恰当的新教师力量，提升区域小学

师资力量。

　　④学校行政力量的壮大及提升。区域小学的行政力量从两方面进行提升：一是吸引有能力的骨干力量到区域小学；二是从优秀的区域教师中进行提拔选聘。

　　⑤区域小学的家长开始关注自己孩子的成长及发展。随着微信等通信工具的发展，区域小学的家长通过微信、微博、网络、电视等渠道了解区各学校的发展。他们对自己孩子所处的学校开始关心，希望孩子能在区域小学得到同等的受教育权利，这也是市政府一直所倡导的。因此对学校、对教师都提出不同程度的要求，鞭策着区域小学的进步。

三、优秀小学承担"联盟教育治理"活动的优势

　　（一）优秀小学在基础教育信息化中一直走在珠海市基础教育学校的前沿

　　从 2015 年建校至今，优秀小学一直是广东省"粤教云"项目的重点学校。从建校至今，优秀小学在信息化技术方面一直有优势项目。

　　（二）优秀小学引进了全国最先进的基础信息化教育平台

　　从 2015 年至今，在学校领导的大力支持下，优秀小学的电教平台总是走在全区的前沿。优秀小学的教师均能熟练使用多平台进行网络教学、实地教学、校本教学、同课异构教学等。所涉及的教育教学平台有希沃平台、小海螺平台、醒魔豆平台、智慧云平台、平板教学平台等，这些最先进的教学平台能最有效地提升教学质量，使教师的教育教学手段能够得到有效及时的更新。

　　（三）优秀小学有强大的师资力量

　　从 2015 年区进行评估以来，优秀小学每次都在评估中获得不错的成绩。成绩的取得有赖于全体优秀小学的教师对教育教学事业的重视和付出。如前所说，优秀小学强大的师资力量使优秀小学在全国、广东省、珠海市、

香洲区等不同层次的比赛中获得奖项，体现了优秀人文的精神。师资力量的强大驱使每位教师必须对自己提出更高的要求，才能屹立在优秀小学的讲坛，才能得到学生和家长的尊重。

四、推动教育技术联盟发展，促进联盟学校共同进步

在教育局的"牵线搭桥"下，2021 年，优秀小学正式与区域小学进行交流活动，共同推动教育信息技术联盟发展，一起促进联盟学校共同进步。

（一）政策支撑

为切实提升地区学校的办学质量和水平，将片区打造为教育发展"新高地"。2021 年 9 月 18 日下午，区教育局在局 401 室召开教育振兴工作动员大会，就实施教育振兴计划进行部署动员。会议指出，实施"教育振兴计划"，是区委区政府立足大湾区建设背景和香洲教育改革发展现状做出的重大决策部署，是着力将教育打造为"美丽教育"第一品牌的重要举措，是推动区域教育迈向"全域优质均衡发展"新格局的必然要求。

在会议中，副局长解读了《区域教育振兴工作方案》六个结对办学联盟，分别签订了联盟协议。

（二）响应号召，深化构建"1+1 联盟校"办学模式

根据《区域教育振兴工作方案》，1 所优质盟主学校与 1 所区域加盟学校结成办学联盟，实现两校间"教育理念共享、管理制度共享、教育资源共享"。优秀小学与区域小学结成办学联盟，实现两校间的"教育理念共享、学校管理制度共享、教育教学资源共享"。

1.教育理念共享

优秀小学校长曾经在区域小学担任校长多年。因此熟悉区域小学的过去和现状，他把优秀小学的办学理念"卓越凤小　快乐追梦"向区域小学成校长进行详细的阐述，提升两校在教育理念方面的共同认识。校长提出，优秀小学与区域小学有幸结盟，是两所小学相互学习的良好开始。区域小

学的教育理念也值得优秀小学学习。

为了体现优秀小学对与区域小学结盟的重视，优秀小学德育副校长首先到区域小学蹲点学习一个月。校长积极参加区域小学每一项大型活动、每一次集体备课，坚持每周听区域小学教师的课，课后及时进行交流。

2. 学校管理制度共享

优秀小学优质的师资和优质办学理念，依赖各部门打造的先进的部门管理制度。优秀小学与区域小学在各部门制度管理中进行共享，提倡"共享制度，共同发展"，积极邀请区域小学各部门、各科组的负责人给优秀小学的规章制度提意见，共学习。如区域小学教导处主任就主动和优秀小学教研主任互动学习，共同制订学年网络集体备课计划。

3. 教育教学资源共享

优秀小学的骨干教师有丰富的教育教学资源，本次交流活动中，优秀小学把多年来的教育教学资源库、课件库与区域小学进行共享。

（三）政策鼓励两校骨干教师采用多种形式进行相互交流

包括两校教师之间"走过来，走过去"，深化合作和沟通交流的渠道。

1. "走过去"：鼓励学校骨干教师，尤其是各学科的名师、带头人、有经验的老师"走过去"，为区域小学各学科教师做教学示范、专题讲座、科组教研等

根据《区域教育振兴工作方案》，教师主动到区域小学进行交流活动，一学年达到40次且不少于30次是在南湾片区开展的交流活动，可等同于一年支教经历（双方学校认可公示，教育局人事室审核通过）。

在政策及学校的鼓励和支持下，2021学年下学期，优秀小学共有18名教师到区域小学开展交流活动。这些18位教师分别任教语文、数学、英语、美术、体育、道德与法治、科学等课程，其中大多数都是主要课程的老师。这些老师采取多种形式与区域小学教师进行合作交流，包括课堂示范、学科讲座、班主任讲座、培优辅差、合作活动、学生互动、同台比赛、同课异构等，促进两所学校的交流，也加深了两所学校老师的感情交流。

2. "走过来"：区域小学的部门行政主管分别到优秀小学蹲点一周，全面观察学习优秀小学的管理经验

"纸上得来终觉浅"，多次的沟通和分享使区域小学的老师更想实地到优秀小学"眼见为实"。德育处主任到优秀小学交流学习一周。这一周里，通过对两所学生孩子的行为规范、法规意识、家庭环境等进行横向对比，增强了主任对提升区域小学学生整体素质行为的决心。她发现广生和凤凰的孩子都是一样的，只要管理、教育到位，也能打造杰出的区域小学。

3. 工作室推动两校班主任、语文教师合作互动

区域小学校长成立了一家语文工作室并担任主持人。在本学期，校长分别在两所学校举行工作室活动，促进市语文教研活动交流。5月份，工作室在区域小学举行示范课活动，由优秀小学两位老师合作共同完成了一节语文同课异构示范课，获得老师的好评。

优秀小学卢老师分别在优秀小学、区域小学举行班主任座谈会和讲座，大大促进两校班主任之间的沟通和交流。

（四）发挥教研活动的引领作用

从本学年起，在区教研部门的牵头下，区进一步加大片区学校教研指导倾斜力度。优秀小学和区域小学也合作开展教研活动，发挥教研活动的引领作用。

①每月至少开展一次教研活动。优秀小学和区域小学各学科组进入深入的探讨和互动学习，各科组间多次举行教研活动。如"联盟学校学科教研竞赛"活动，语文、数学、英语分别举行课程竞赛活动，提高优秀小学和区域小学新生教师的教育教学能力。同时，优秀小学也面向区域小学举行"联盟学校优质示范课"活动，由语文、数学、英语、科技、美术、音乐老师进行优质示范课，进一步提升区域小学教师的教学能力。学科教研员每周至少一次走进片区学校进行视导，进课堂听课，进科组教研。根据上一年度教学质量反馈，学科教研员要深入最薄弱的学校驻点视导。

②每月至少一次集体备课。教学质量离不开教学团队对课程、教材的研究和探讨。从本学年的寒假开始，优秀小学就要求各科组的教研团队按

照教研室所提供的教案模板，加大教案的研讨力度。要求各科组每星期按照固定的教研时间开展教研活动。同时交流的老师要和对应科组级组的教师开展教研活动。优秀小学和区域小学每月至少有一次集体备课交流活动。如优秀小学和区域小学的数学科组，通过集体备课，共有教案模板，提升两所学校的数学科组集体备课的质量。同时通过在四校联盟赛课，提升年轻老师的教育教学技能。

③每月至少举办一次德育讲座、师德讲座、学科讲座。本学期，优秀小学交流骨干教师每月至少一次到区域小学举行德育讲座、师德讲座、学科讲座交流。

（五）多渠道做好家校教育，争取提升家长对区域小学的信任度

1. 开办家长学校，开发家长课程

利用双休日或寒暑假开展社区公益家庭教育讲座。

2. 举办家长开放日活动

邀请家长进校进一步了解孩子在校的情况。

3. 落实家访制度

争取班主任每个学期能对班级学生进行一次普访。

（六）制订适合两校共同发展的实施方案

由优秀小学牵头制订"1+1联盟校"实施方案，和区域小学共同讨论方案中的细节，要求两校每月有台账，每周均有活动，每位交流老师均有活动登记表。每次活动、每次交流均要求有两张以上的照片留存。

五、缩小校际差距，实现两校共进步

经过一学年的互相交流活动，区域小学在很多方面都有所进步，两校差距正在进一步缩小，两校也出现喜人的共同进步。

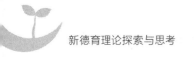

（一）区域小学喜进步

进步是点滴的，进步是喜人的。通过一学年的交流活动，区域小学在校园面貌、教师精神、学生劲头、家长信任度等方面都有了可喜的进步，这些进步都带动着整个学校的师生齐心协力，共同追求更长远的发展。

1. 区域小学增强举办教研活动的能力

多次举办香洲区教研活动，特别是数学教研活动，结合本学校举行的新教师推门课、有经验教师展示课，实现人人都研讨，周周有教研，月月有活动，大大提高区域小学举办大型教研活动的能力。

2. 区域小学家委会配合度提高

经过一系列家校合作提升活动，增加学校集体活动的透明度。区域小学家委会的配合度有所提高，能对班主任及学校希望配合的活动热烈响应。如在本学期举办的家长开放周活动，得到家长们的热烈参与。

3. 区域小学结合自身特点，争取在本学年内打造成特色学校

区域小学和优秀小学都会在每学年梳理本校的办学理念、育人目标、发展愿景等。根据学校实际，努力发掘自身特点，形成"一校一特色"。

（二）优秀小学喜发展

在联盟教育活动中，发展是双向的，不单是区域小学在活动中取得可喜进步，优秀小学也有喜人发展。

1. 教师交流促成长

本学年，优秀小学有18位教师到区域小学进行交流活动，这些教师必须每周到区域小学一次。为了每周这一次宝贵的交流机会，优秀小学的老师们都提前做好准备，一课两备，一节课得到两次磨炼的机会。

2. 办学理念更深入

通过和区域小学的交流活动，学校的领导层深刻地认识到一所学校要有长足的发展，就要坚持正确的办学理念。优秀小学的办学理念是先进的育人理念。联盟教育的过程就是一间卓越小学成长的过程，也是办学理念

更深入发展的过程。在未来的第二年、第三年活动中，优秀小学必将继续追求先进的育人理念。

结束语

教育振兴区域，机遇振兴广生。在 2020 年，区域小学和优秀小学都迎来机遇、发展和变化。两所小学的结盟是发展，也是考验。只有真正抱着"办人民满意的教育"的教育理念，才能办出对学校、对学生最有利的教育。"联盟办学、内涵发展"的探索实践将继续，优秀小学和区域小学都将努力继续实现区域教育"一年打基础，两年出洼地，三年见成效"的目标。

第二节 活化流程管理 强化德育工作特色 优化德育资源

——小学德育工作的流程管理初探

作为一所老城区的学校，面对繁华嘈杂的街道，面对熙熙攘攘的人群，我校多年来始终坚持"活化德育流程管理，强化德育工作特色，优化德育资源"的德育办学方针，用德育工作管理体系活化日常工作管理，提高德育工作的效率。

一、活化德育流程管理，坚持"三位一体""三线一面"的德育网络

坚持"三位一体""三线一面"的德育网络，做到有继承、有发展、有层次、可操作，遵循德育流程的规律，实现学校德育的制度化、科学化，从而促进学校德育实效的不断深化，不断提高。从整体优化目标出发，对德育工作的客观过程加强管理。

（一）系统化德育管理机构，整合德育管理资源

1. 成立独立的德育管理机构——政教处

结合原来的大队部、科级组进行德育管理资源的整合。以前我校的工作均由大队部管理，存在的问题是责权不明，因为大队部管理的主要是少

先队员，在和学校沟通、家长沟通方面显得较为薄弱，班主任德育管理也是大队部的事，班主任只是管理学生的思想。政教处成立以后，我校明确了政教处和大队部的互补关系，让莫主任担任政教处主任，显现出我校对政教处工作的重视，让班主任对突发德育事件直接向政教处报告，德育管理机构系统化。

2.挖掘我校深层次的德育资源

一个学校德育工作开展的好坏，关键在于学校领导能不能挖掘深层次的德育资源，做到全员都"德育"。

（1）挖掘教师中的德育资源。学校领导、政教处、教导处的领导每月第一个星期深入年级组，与级组长、班主任、教师一起研究德育的分目标和阶段工作，使德育工作落到实处。政教处还积极发展德育工作人员，让科任教师也参与德育工作。如我校设置班主任和副班主任制度，每次活动，每项措施除了面向班主任，也要求副班主任的配合。在期末先进评选时，分别评选优秀班主任和优秀副班主任。我们学校除了制定"班主任守则"，还制定了"副班主任守则"，对德育工作进行了细分和系统部署，做到人人都"德育"。

（2）挖掘学生中的德育资源，让学生管理学生。如果您下午2点15分来到我校，您会很奇怪，没有教师在教室，每个教室却传来琅琅的读书声或者悦耳的歌声。您更会发现，每个课室门口都站着一个戴"红袖章"的学生。那是我校的德育特色——"学生自管"。由中年级和高年级每班选出工作人员轮流到各班管理、监督，做到学生自己管自己。我校通过"竞选大队委""安全监督我先行""一帮一，你我他"等活动调动学生管理学生的积极性，同时在期中、期末设置多个奖项来奖励学生。

（二）充分发挥学校、家庭、社会力量，建立"三位一体"的共同教育网络

1.优化班主任队伍建设

每学期初根据德育计划，制订出每个班级的计划，平时记录好每天的

班主任工作手册，每月召开一次班主任会议或班主任工作培训会议。具体内容有：

（1）组织学习，制订计划。每学期初，学校领导将德育工作纳入学校工作计划，我校认真组织全体教师认真学习《未成年人保护法》《义务教育法》和《香洲区德育工作计划》的精神，全体教师端正教育思想，变应试教育为素质教育。

（2）政教处根据上级部门的德育要求，认真拟订出德育工作计划、少先队工作计划。年级组根据学校德育工作总结计划，按照低、中、高三个阶段的年龄特点制订出各年级德育工作计划，班主任再制订出班级工作计划（中小队计划），层层落实，使学校德育工作有条不紊的进行，有目的、有层次地对学生进行思想道德观念和行为规范的教育，从而形成了品德课程的目标网络。

2. 校外抓好家委会（校级家委会和班级家委会）工作，组建二级家长委员会

每月召开一次家委会会议，共同商讨如何配合中队辅导员，搞好各班的中小队活动。

3. 充分发挥并借助社会力量，搞好校外辅导工作

建立一支优秀高素质的校外辅导员队伍。成员有报社记者、交通民警、武警战士、优秀家长和关工委的领导等，发挥学校、家庭、社会力量，建立学校、家庭、社会"三位一体"的共同教育网络。

二、强化我校的德育特色，显性课程与隐性课程紧密结合，形成"三线一面"的全方位德育课程体系

在现行"品德与社会""品德与生活"课程的基础上进一步开发渠道、改革内容、改进教法，把显性教育与隐性教育结合，把思品课题和德育课题进行适当磨合，用德育课题带动德育特色的形成。

"三线一面"的德育流程包括：

第一条"线"——1—6年级的《品德与社会》《品德与生活》课程

我们充分利用《品德与社会》课作为教育阵地，摸清学生思想脉搏，了解学生行为表现，根据学生心理特点，做到情况明，事情清。针对实际情况，对学生进行教育要有计划、有主题、有内容，结合《品德与社会》的教学内容开展一系列思想教育活动。

为认真落实《品德与社会》的教学内容，每学期分低、中、高三个年级段举行"品德与社会"研究课和公开观摩课。积极摸索科学有效的教育方法。摸索出"情景创设—导入课文—理解道理—导行实践"的教学有效模式。

第二条"线"——每周一次的班、队活动

1.我校政教处认真落实每周一次的班、队活动的活动内容，并将课改与队改相结合，切实搞好班、队活动，班队之间开展"三比"活动（比班风、比学风、比安全）。

2.坚持不懈地抓好"四小活动"（即小考察、小讨论、小实验、小作品）和"四节活动"，即艺术节、体育节、读书节、科技节。

第三条"线"——每学年5—6周的全校社会实践活动

学校加强社会实践活动是德育工作延伸到社会的需要，学校有目标、有措施地抓好这项工作。请专家到学校给学生开展讲座，让学生了解社会信息和当前的形势；走出去，积极参加公益活动，把爱心献给他人，把温暖送向社会上，送向邻里。学生定期到市图书馆、美术馆、敬老园、农科所参观进行社会实践活动，每学期至少一次。

"一面"——各门学科及各项活动都应是德育阵地，要加强、贯彻、渗透德育工作。

总之，学校德育工作的流程管理，要做到计划周密，有布置、有落实、有评比。德育流程管理要贯穿整个德育活动过程，学校要重视发挥教师、家长、社会各方力量，形成教育合力，以提高德育工作的实效性。

第三节　挖掘"三重汇合"黄金点，打造"能力先锋　德育特色"的现代化学校

一、激活"青年教师、中年教师、老年教师"三重激励机制

很多学校的领导都认为，谈到激励，没钱办不了。可是我校充分激活"学校、级组、个人"奖励机制，针对学校不同的教师层面，针对不同的级组实行不同的"奖励机制"，用"不花钱的奖励"激励教师，提高教师的教学责任心、自信心和自尊心。

书里曾经说过"地球由于网络从圆变成平的"。不同年龄的教师同样需要"激励"，每个教师的心理其实都是"平"的，都渴望得到"肯定"。其实，现在珠海教师的生活环境已经改变了很多，再不用为两餐而发愁，因此我们学校通过"不花钱的奖励"激励教师。

（一）青年教师"鼓励先行""任务压肩"

学校转化观念，根据学校的实际情况，对青年教师的定义不再局限于"35 岁以下"，而是调整到"40 岁以下"。这样做有两个好处：第一，给教师一个年轻的心态，不让年轻而又有活力的教师认为自己能力在减退。杜绝从前教师中盛行的"35 岁无用论"；第二，对教师能力的肯定。一名有能力的教师，她可以到了 40 岁，甚至 45 岁都能在赛讲、课题等方面发光发热。因此，我校的老师在学校的激励下，40 岁仍活跃在教研、赛讲第一线。

（二）中年教师"肯定先行，机会优先"

相信很多学校的领导有一种感觉，觉得中年教师在学校挺尴尬的，他们不到退休年龄，但是又过了"年轻教师"的时期。有的学校在不知不觉中遗忘了"中年教师"。其实，在当今的现代化社会，很多中年教师正是最有"活力"的时期，他们孩子长大了，家庭的负担小了、安定了。正是最有"活力"的时候，学校应该在"照顾青年教师的前提下，一些没有年龄限制的机会可以优先考虑中年教师"。如课题组的研究，领导可以放手给中年教师主持，因为他们积累了年轻时参加赛讲的经验，又有一定的教学经验积累，可以很好地在课题研究中"独当一面"。这对中年教师来说绝对是"比钱更宝贵的奖励"。如莫秋群校长参加广东省思品录像课得到一等奖，受到广东省德育教研厅的肯定。

（三）老年教师"夕阳红　红心头"

很多学校的领导觉得老年教师是最难管理的，因为他们年龄大了，有的接近退休的时间，比较难以管理。其实"老年教师"也是学校的一宝，他们也有渴望得到"鼓励、奖励"的心理，他们也希望学校的领导能把他们和"青年教师"一视同仁，有学校的关心，有机会参加教研，他们也希望学校的领导不要把他们当成"被遗忘的角落"。我校的老年教师也有机会参与赛讲，如杨英老师虽然还有两年就退休了，可是她连续两年参加全国英语录像课大赛，得到二等奖。如我校的郭悦多老师，还有一年就退休了，可她带领学生开展的综合实践活动，所编写的案例获得全国二等奖的好成绩。

二、构建"学校、级组、班级"三重框架，激活教师的归属感

（一）发挥学校"司令部"总指挥作用，明确学校的办学方针

学校可以在每学年委托工会或者党建办公室检视学校的办学方针是否激活教师的归属感，使教师增加对学校的信任感。学校发挥"司令部"的

作用，让教师在学校、级组、班级三重框架下，体现每个年龄段教师的作用，激活教师的归属感。

（二）发挥级组"团队精神"，激活教师团队荣誉感

一名教师工作是否开心，是否肯为学校付出，不在于学校名气的大小，而在于作为学校"司令部"下属的各个级组是否"团结"，学校也把权力适当"外包"给级组，每个级组都是一个"特色团队"，每个"团队"都可以根据年级不同的情况创建不同的特色。这需要学校领导有勇气接受"外包"，接受把高高在上的管理权力适当"外包"给级组，让不同级组焕发不同生命力。

1."外包"学生管理权力

学校六个年级，不同的年级可以用不同的方法管理学生。低年级和政教处合作，重点养成学生的良好行为习惯。

2."外包"教师教学教研的权力

每个学期都有很多教学教研活动，学校不再高高在上，指派哪位教师参加什么活动，而是把"活动权力"外包给级组，级组自己讨论决定，减少教师之间的摩擦和纠纷。

第四节　抓住"新德育优化管理"契机
全面提升义务教育小学效益

一、"新德育优化管理"是小学阶段教师管理的发展契机，用"育人管理"，推进小学德育管理

"求真·发展"是一所学校的基本的小学办学理念。其中"发展"小学是以"发展教育、发展管理、发展发展、发展生活"为基础形成的整体的发展境界，要求以小学为纽带的各种教育要素相互协调，形成整体优化的育人氛围，形成义务教育小学教育与社会教育、家庭教育协调发展的教育合力，形成孩子发展、教师发展、义务教育小学发展相结合的整体效应。

义务教育小学的教师队伍是办好一所义务教育小学的关键，如何调动教师的积极性和主动性取决于义务教育小学管理工作的运行机制，学校行政领导在管理上思想要先进，指向目标要具体和确定，网络要科学，制度要健全，方法要民主。最要紧的是抓住改革的机会，调动教师的积极性和主动性。

（一）每一次教育改革都是义务教育小学提升管理的一次契机

新中国成立以来，2021年的教育改革是第四次全国性的教育改革，小学教育改革的重要部分，便是"育人管理"的实行。学校行政领导应该抓

好每次教育改革的机会，把义务教育小学的管理提升到一个新的层次。利用好每一次的"教育改革"时机，提升自己的管理水平，提升义务教育小学管理的灵魂，提升教师的业务水平。

（二）"双减"政策下，"新德育优化"是一把宝剑

每一次的教育改革如果处理不好都会或多或少地引起一点点义务教育小学的"地震"。"新德育优化"关系义务教育、小学教育教学中家长、教师的切身利益，学校可以利用"新德育优化"这把"剑"削走陈旧的"旧观念"，引领义务教育小学建立"活泼，向上，发展"的教育氛围。

二、切实执行"新德育优化"管理，提升义务教育小学的师资水平

（一）师资的提升是义务教育小学的第一要素

"师资的提升是义务教育小学的第一要素"，好的义务教育小学的关键就是好的教师队伍，义务教育小学实施卓越育人管理模式，打造出一流的教师团队。

（二）抓住教育改革契机，切实提升义务教育小学教师的师资水平

"新德育优化"管理不是为了让教师"懈怠"，更不是让教师怕"踩雷"才缩手缩脚，更不能因为教育改革，让学校里的教师人心浮动。作为学校行政领导，只有扎实开展学习，吃透教育改革精神，才能抓住教育改革契机，切实提升义务教育小学的师资水平。

1.学校德育教师要做好多重角色，平衡义务教育阶段小学各方意见。

"新德育优化"在不同的义务教育小学有不同的反响。在我校可以用四字概括——"平稳向上"。

①德育教师要做德育改革"带头人"的角色。"双减政策"实施的初级阶段，学校行政领导通过义务教育小学各部门需要充分征询义务教育小学

教师的意见，照顾各年龄段的教师的需求。义务教育小学充分发挥级组长和教师代表的功能，让级组长和教师代表多和教师沟通，使"新德育优化"改革从开始就得到教师的认可。年轻教师在观念上也更加积极求上。

②做好倾听者的角色。每一次改革都会给教师带来或多或少的"心理冲击"，很多教师有想法，学校行政领导不能高高在上，扮演好"倾听者"的角色，使教师从心里感觉到义务教育小学领导对他个人的尊重。

③学校行政领导是"双减"政策的组织者。学校行政领导是领导者、倾听者，更是组织者。"新德育优化"改革的效果好坏，学校行政领导是相当要紧的因素。学校行政领导在教代会、考核小组、教师审核等多个环节都扮演好"组织者"的角色，而不应该是"决策者"。把考核的过程还给教师，还给教代会，才能让教师信服。

2.义务教育小学通过组织多元活动，提高教师的业务水平，使"新德育优化"改革能做到"思想重视""行动积极"。

教师们比教育改革前更积极参加各项业务活动，直接或者间接提高教师的业务水平。

"专家引领、同伴互助、自我反思"，是我校建立学习型组织、促进教师专业化发展的战略原则。义务教育小学以校本研学为基点，重点建设名师工作室、品牌教研组、研究型备课组等学习型团体，以名师讲坛、课题带动、教育水平竞赛等形式为主要手段创建学习型组织，形成了比较健全的教师专业化发展机制。培养了一支各有专长、发展互补的名师团体，形成了"和而不同"的民主发展学术气氛以及探究真知、成就真才、完善真我的专业化发展氛围。

三、抓住"新德育优化"改革契机，励精图治全面提升教育水平质量

（一）改革下打造高效优质的课程教育水平

教育改革是为了孩子，为了让孩子受到全面、平等的教育。那么衡量

教育改革是否成功,"新德育优化"管理是否成功的要紧一点就是"课程教育水平",改革下是否打造优质的课程教育水平。

抓教育水平质量的关键在课程教育水平。课程教育水平是教育实践的第一线。新课程如何实施?孩子需要什么?如何贯彻三维教育水平指向目标?执教者的教育水平方法如何?——都在课程教育水平教育水平中得以检验。我校围绕课程教育水平这个核心环节,形成和积累了多项细致的做法。教师参加各种学习型组织,开展教研组培训、竞赛课、评议课、录像课、名师讲坛、示范课等以提升课程教育水平为中心的各类活动,大大激发和促进了教师对课程教育水平实践的钻研。而这些改革,这些实践都体现在"新德育优化"的具体考核中。

1. 教育教学教师参加教研从"义务教育小学要去"变成"我要去""我想去"

"新德育优化"管理是具体的,是细化的,每一项内容都从教育的活动出发。教师参加的每一项教研都能在"新德育优化"改革中得到体现,量化成具体分数,改变过去教师的惰性。教师教研积极性增加了,自然带动课程教育水平的"优质"和"高效"。

2. 继续教育从过去"可有可无"变成"我要学"

过去教师们都不重视继续教育,认为继续教育只是教师教育活动的一部分,没有很深刻的认识。但是,实行"新德育优化"考核以来,为了让自己的量化分值更加全面,每位教师都积极参加继续教育。

(二)"新德育优化"改革带动课程改革,提升教育水平

我们追求的教育水平提高,不是一成不变、墨守成规的,而是动态的、开放的、与时俱进的。特别是我们抓住了课程改革的机遇,全体教职工努力实践,取得了可喜的成绩。

1. 义务教育小学特色突出

我校参加运动赛均获得好成绩。田径运动会获得小学第二名,足球、乒乓球、篮球都获得较好名次。提起我校,不少兄弟义务教育小学对我校

的体育活动都大加赞扬。我校还是小学田径队、篮球队的训练基地。

2.课程教育水平教育水平成绩突出。

袁满娥、宋丽华、肖梓平等多位教师在省、市、区的教学比赛上获得奖项，打破我校近几年课程教学比赛毫无收获的局面，袁满娥教师一鼓作气，从区美术一等奖开始，市一等奖到省二等奖；宋丽华教师和卢慧婷教师的论文也一路从区一等奖到省一等奖，宋丽华教师的课程获得珠海市政治课一等奖。

（三）让素质教育成为教育的常态，改变过去的教育改革"重分数轻德育"

让素质教育成为教育的常态，从根本上说必须在课程设置、教学内容上予以足够的重视，使不同个性、不同特点的孩子都能在义务教育小学这个大平台上，找到自己的空间，从而提高各方面知识技能，成为基础扎实、素质全面、特长明显的一代新人。

在开足、开齐、开好国家规定的所有课程同时，义务教育小学校本课程可综合实践活动课程尤为突出，构建了由德育校本课程、文化校本课程和活动课程相结合的校本课程体系，形成了研究性学习、小学四大节、学科活动周、社团活动和校本课程教育几大课程亮点。形成了具有特色的育人体系。

我们注重把课程教育的主动权交还给孩子，让孩子真正成为学习和创新的主人。把常规课程教育变成创新的"高产田"，"课大于天"的理念已经深入教育水平一线每个教师心中。告别陈旧的"满堂灌"教育方式，着力营造"生命课程教育"。创新给孩子插上了腾飞的翅膀，孩子们在知识的天空下自由自在地翱翔。

四、教育改革的根本是为了义务教育小学，"新德育优化"的实施使教师所有的教育教育活动回归孩子，面向孩子

营造积极向上的小学文化氛围，使孩子获得全面发展课程之外的文化

大餐。

（一）对教师参与素质教育活动进行量化，用"新德育优化"管理推动我校文化大餐

义务教育小学每年都要举办"艺术节""科技节""体育节""夏令营节"四大节，为孩子的发展提供了展露才华和进行体验、生成知识能力的平台。艺术节中"中华之魂"大型诗、乐、舞的联演，"再走长征路"大型文艺会演，各种音、体、美、科技活动和社会实践小组的汇报展示，展示了"红岭人"良好的身心及人文和科技素质。

（二）重视珠海市量化德育管理活动，提升义务教育小学的管理，让孩子在自己的组织中得到锻炼

学校提升义务教育小学德育管理，开展多样的社团活动，不漏掉一个孩子，不增加孩子的一丝负担，丰富孩子的课外生活。

学生课后"430"培训活动如今已成为香洲区一道亮丽的风景，五十多个丰富多彩的社团活动让小学生的课后课余生活得到了多元化的发展。

丰富的课外活动和小学文化生活，大大促进了孩子全面发展。这些综合课后实践活动，陶冶了孩子的情趣，锻炼了孩子的特长，使孩子学会了合作、互助、尊重、理解，体验到了成功的快乐，形成了发展的人格。

有位教育专家这样说："一所好的小学，教师和孩子总是精神饱满，充满自信，眼里闪烁着智慧的光芒。"如果形象地概括一所好的小学给人最直观感受的话，这句话倒十分精当。在我国执教者和孩子身上，正闪烁着这种精神气质。我们都坚信这种精神气质，将会在教育改革的过程中，在"新德育优化"的长期改革管理中，更加闪烁。

重视心理健康及人文和科技素质的建设。各学科的活动周，以"思想性、趣味性、活动性、学科性、创新性、艺术性"的要求，坚持孩子自主设计、自主组织、自我参与的原则，使学科学习从课程教育走向课外，使学习变得更为生动、有趣、活泼。如语文教学的"文学大观园"、数学教学的"铿锵三人行"、英语教学的"外国文化一条街"，让师生品尝到一道道文化大餐。

（三）重视珠海市和小学的"小学德育示范"活动，量化德育管理活动，提升小学德育的自我管理能力，鼓励学生在自发组织的活动中得到锻炼

为了提升小学德育管理中的自发性，提升学生的管理能力，开展多样学生社团活动，不漏掉一个学生，不增加学生的一丝负担，丰富孩子的课外生活。学生的社团活动如今已成为珠海市小学教育一道亮丽的风景，每个学校三十多个丰富多彩的社团活动让珠海市香洲区的学生得到了多元化的发展。丰富的课外活动和小学文化生活，大大促进了孩子全面发展。这些综合社会实践活动，陶冶了孩子的情趣，锻炼了孩子的特长。使孩子学会了合作、互助、尊重、理解，体验到了成功的快乐，形成了发展的人格。

在实行"双减"政策的今天，实行小学新德育科学管理，才能使学生各项"双减"政策真正落到实处，学生得到最大的发展。学生的课后不再只是作业，而是丰富的课后社团活动。教师也在新德育"双减"政策中有更新、更高的认识，从而提升个人的教育教学素质。